U0714149

Treasures for Scholars Worldwide

師顧堂叢書

蔣鵬翔 沈楠 主編

金澤文庫本

春秋經傳集解

〔晉〕杜預 注

昭公

广西师范大学出版社
GUANGXI NORMAL UNIVERSITY PRESS
·桂林·

左傳集解
廿一

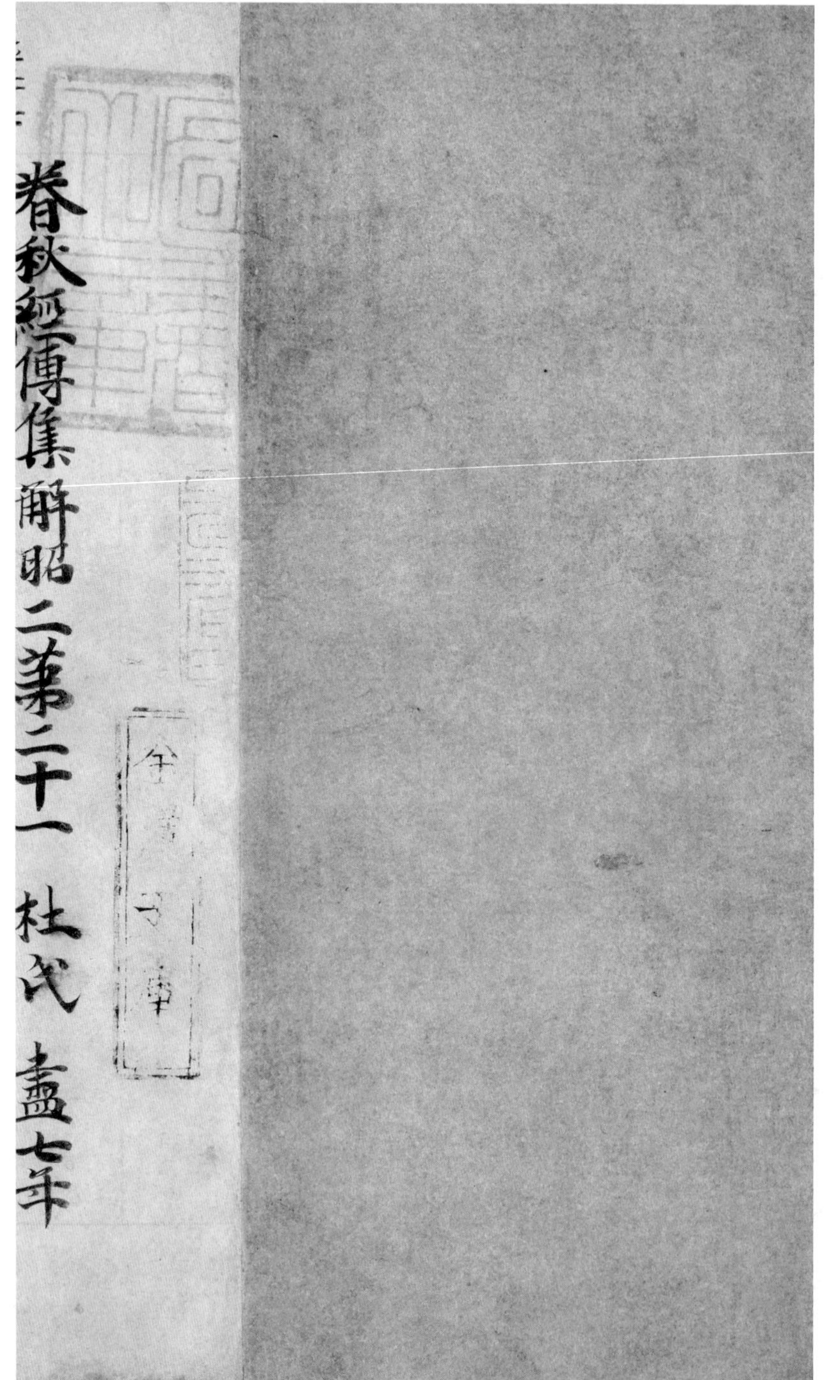
春秋經傳集解昭二第二十一　杜氏　盡七年

正二十七

春秋經傳集解昭二第二十一　杜氏　盡七年

經四年春王正月大雨雹當雪而雹故以爲災而書之也

夏楚子蔡侯陳侯鄭伯許男徐子滕子頓子胡子沈子小邾子宋世子佐淮夷會于申楚靈王始合諸侯也

宋世子佐後會于申

合諸侯也

楚人執徐子

稱人以執以不道於其民告也

秋七月楚子蔡侯陳侯許男頓子胡子沈子淮夷伐吳

曰申會以伐吳不言諸侯者鄭徐滕小邾宋不在故也胡國在汝陰縣西北有胡城也

胡國汝陰縣西北有胡城

執齊慶封殺之

楚子欲行霸爲齊封慶封故稱齊也

遂滅賴

鄭曾逆傳列曰討

殺之封慶封故種齊也遂滅賴

九月取鄫　鄫莒邑傳例曰封邑不用師徒曰取也　冬十

有二月乙卯叔孫豹卒

傳

四年春王正月許男如楚楚子止

之　欲與俱田　遂止鄭伯復田江南許男

與焉　前年楚子已與鄭伯田江南故言復　使椒舉如

晉求諸侯二君待之　二君鄭

與鄭伯田江南故言獵使椒舉如
晉求諸侯二君待之二君鄭許也椒舉
致命曰寡君使舉曰日君有惠賜
盟于宋宋盟在襄二十七年也曰晉楚之從
交相見也以歲之不易不易言有難也寡
歡本作
人願結驩於二三君欲得諸侯謀事補闕使
喚端反
舉請間君若苟無四方之虞度

謀事補闕使

舉請閒君若苟無四方之虞

虞度也

則願假寵以請於諸侯

欲借君之威寵以致諸侯

晉侯欲勿許司馬侯曰不可楚

王方侈天其或者欲逞其心以厚

其毒而降之罰未可知也其使能

相

其毒而降之罰未可知也其使能
終亦未可知也晉楚唯天所相　相助息亮反
也　不可與爭君其許之而脩德以
待其歸若歸於德吾猶將事之況
諸侯乎若適淫虐楚將棄之棄不
以為
若吾又誰與爭公曰晉有三不殆
也

吾又誰與爭公曰晉有三不殆

其何敵之有殆危也國險而多馬齊

弑

楚多難多篡殺之難也有是三者何鄉而

不濟對曰恃險與馬而虞鄰國之

難是三殆也四嶽東嶽岱西嶽華南嶽衡北嶽恒

三塗在河南陸渾縣南也陽城在河南陽城縣東北大

恒　如〻或作常在眞州案下恒者是也北嶽大〻名恒山漢為文帝諱改作常

在河南陽城在新城沶

山名大行轘轅也　初患反　許亮反本又作嚮　音代在兗州　如字又胡化反在雍州　如字在荊州　音泰下文大室　门〻即東嵩高山

……渾縣南也陽城縣東北大

山名大行轘轅澠也

山漢為文帝諱改作常

室在河南陽城縣西南也荊山在新城沶鄉鄉縣南中

大室下文大室同之即東嶽嵩高山也在豫州

南在始平武功縣南也九州之險也是不一

姓雜是天下至險無德則滅亡也冀之北土燕代也

烏賢反

馬之所生無興國焉恃險與馬之

不可以為固也從古以然是以先

王務脩德音以亨神人亨通

正云於屋則簷邊爲宇於國則四垂爲宇也

不可以爲固也從古以然是以先

王務脩德音以亨神人亨通也不聞

其務險與馬也鄰國之難不可虞

也或多難以固其國啓其彊土或

無難以喪其國失其守宇於國則四垂爲宇

若何虞難齊有仲孫之難而獲

中孫公孫無知之

若何虞難齊有仲孫之難而獲

桓公至今賴之仲孫公孫無知也事在莊九年也

晉有里丕之難而獲文公是以為

盟主里克丕鄭事在僖九年也衛邢無難敵亦

喪之閔二年狄滅衛僖二十五年衛滅邢也故人之

難不可虞也恃此三者而不脩政

難不可虞也恃此三者而不修政

德亡於不暇又何能濟君其許之

紂作淫虐文王惠和殷是以隕周

是以興夫豈爭諸侯乃許楚使

叔向對曰寡君有社稷之事是以

不獲春秋時見言不得自往謙辟也諸侯君

實有之何辱命焉椒舉遂請昏（蓋楚子遣舉時兼使求昏）晉侯許之楚子問於子

產曰晉其許我諸侯乎對曰許君

晉君少安不在諸侯（安於小不能遠圖）其

大夫多求（貪也）莫匡其君在宋之盟

少安　如之

大夫叔也莫適其君在宋之盟
又曰如一晉楚若不許君將焉用同也
之焉用宋盟也王曰諸侯其來乎對曰
必來從宋之盟承君之歡不畏大
國大國晉也何故不來〻〻者其魯衛
曹邾乎曹畏宋邾畏魯〻衛偪於

曹邾乎曹畏宋邾畏魯衛偪於
齊而親於晉唯是不來其餘君之
所及也誰敢不至言楚威力所能及也王曰
然則吾所求者無不可乎對曰求
逞於人不可逞快也求人以快意人必違之也與
人同欲盡濟爲下會申傳也大雨雹季武

人問名言於申傳也大雨雹季武子問於申豐曰雹可禦乎禦止也申豐魯大夫也對曰聖人在上無雹雖有不為災古者日在北陸而藏冰陸道也謂夏十二月日在虛危冰堅而藏之也西陸朝覿而出之謂夏三月日在昴畢蟄蟲始出而用冰春分之中奎星朝見東方

朝如字注同才下覿

之而用氷春分之中奎星朝見東
方也其藏氷也深山窮谷固陰沍寒
於是乎取之沍閉也必取積陰之氷所以道達其氣使不為災
其出之也朝之祿位賓食喪
祭於是乎用之言不獨共公也其藏之也
黑牡秬黍以享司寒黑牡黑牲也秬黑黍也司
寒玄冥北方之神也故其物皆

黒牡秬黍以享司寒　秬黒黍也司寒玄冥北方之神也故其物皆用黒有事於冰故祭其神也

其出之也桃弧棘矢以除其災　桃弓棘箭所以禳除凶邪將御至尊故也

其出入也時食肉之祿冰皆與焉　食肉之祿謂在朝廷治其職事就官食者也

大夫命婦喪浴用冰　命婦大夫妻也

享司　謂

祭寒而藏之本或作祭司寒者非

也

大夫命婦喪浴用氷　夫妻也

祭寒而藏之　享司寒也　獻羔而啓之　謂二月春分獻羔祭韭始開氷室之也　公始用之　公先用優尊也　火出而畢賦　火星昏見東方謂三月四月中也

自命夫命婦至於老疾無不受氷　老致仕在家者也

山人取之縣人傳之　山人虞官也縣……輿……隸

家者也

山人取之縣人傳之人

虞官也縣人遂屬

輿人納之隸人藏之輿隸皆賤

官也

夫冰以風壯冰因風寒而堅而以風出

順春風而散用之也

其藏之也周周密也其用

之也遍及老疾也則冬無愆陽愆過也謂冬溫

也

夏無伏陰伏陰謂夏寒也春無凄風凄寒

也[illegible]

夏寒也春無淒風寒也秋無苦雨霖雨為人所患苦也雷出不震震霆也無菑霜雹癘疾不降癘惡氣也民不夭札短折為夭夭死為札今藏川池之冰棄而不用既不藏深山窮谷之冰又火出不畢賦有餘則弃之風不越而殺雷不發而震越散也言陰陽失序雷

之風不越而殺雷不發而震也言陰陽失序雷風為害也

雹之為菑誰能禦之

七月之卒章藏冰之道也

七月詩豳風也卒章曰二之日鑿冰沖沖謂十二月鑿而取之三之日納于凌陰凌陰冰室也四之日其蚤獻羔祭韭謂二月春分蚤開冰室以薦宗廟也

夏諸侯如楚魯衛曹邾不會曹

夏諸侯如楚魯衛曹邾不會曹邾辭以難公辭以時祭衛侯辭以疾如子產之言也鄭伯先待于申自楚先至會地也六月丙午楚子合諸侯于申椒舉言於楚子曰臣聞諸侯無歸礼以為歸今君始得諸侯其慎礼矣

以為歸今君始得諸侯其慎禮矣
霸之濟否在此會也夏啓有鈞臺
之享
啓禹子也河南陽翟縣南有
鈞臺陂蓋啓享諸侯於此也
商湯有景亳之命
河南鞏縣西南
有湯亭或言亳
即今偃
師城也
周武有孟津之誓
將伐
紂也
成
有岐陽之蒐
周成王歸自奄大蒐
於岐山之陽岐山在
扶風美陽
酆在始

岐陽之蒐於岐山之陽岐山在扶風美陽縣西北康有酆宮之朝酆在始平鄠縣東有靈臺康王於是朝諸侯穆有塗山之會周穆王會諸侯於塗山塗山在淮南壽春東北也齊桓有召陵之師在僖四年晉文有踐土之盟在僖二十八年君其何用宋向戌鄭公孫僑

……選擇所

八年宋向戌鄭公孫僑
在諸侯之良也君其選焉選擇所用也
王曰吾用齊桓用會召陵之禮王使問禮
於左師與子產左師曰小國習之
大國用之敢不薦聞言所聞謙亦所未行也
獻公合諸侯之禮六其禮六儀也宋爵公故獻
公禮

獻公合諸侯之礼六宋爵公故獻

公礼也子產曰小國共職敢不薦守

獻伯子男會公之礼六鄭伯爵故獻伯子男

會公之礼其礼同所從言之異君子謂合左師善

守先代子產善相小國王使椒舉

侍於後以規過規正二子之過卒事不規

侍於後以規正子之過卒事不規

王問其故對曰礼吾所未見者有

六焉又何以規左師子產所獻六礼楚皆未嘗行也

宋大子佐後至王田於武城久而

弗見椒舉請辭焉請王辭謝之也王使往

曰屬有宗祧之事於武城言為宗廟田獵

在裏

[illegible]曰屬章主反遍也有宗祧他彫反之事於武城 廟田獵

イタセレトキニ セレトス 匠云將待輸幣之時乃相見

也 寡君將隨許規反布也服云輸也幣焉敢謝後見如字一本作賢遍反 恨其後至

故言將因諸侯會布幣乃相見經

并書宋大子佐知此言在會前也

徐子吳出也以為貳焉故執諸申 言楚子以疑罪執諸侯

楚子示諸侯侈 自奢侈也

椒舉曰夫六王二公之事 六王啓湯武成

康穆也二公[illegible]

椒舉曰夫六王二公之事湯武成康穆也二公齊桓晉文也皆所以示諸侯礼也諸侯所由用命也夏桀為仍之會有緡叛之仍緡皆國名也商紂為黎之蒐東夷叛之黎東夷國名也周幽為大室之盟戎狄叛之大室中嶽也皆所以示諸

盟戎狄叛之嶽也皆所以示諸
侯汰也諸侯所由棄命也今君以
汰無乃不濟乎王弗聽子產見左
師曰吾不患楚矣汰而愎諫愎很也
不過十年左師曰然不十年侈其
惡不遠遠惡而後棄惡及遠方則人棄之善
亦如之德遠而後興為十三年楚

惡不遠、惡而行惡則人棄之善亦如之德遠而後興為十三年楚弒其君傳也秋七月楚子以諸侯伐吳宋大子鄭伯先歸經所以更叙諸侯也時晉之屬國皆歸獨言二國者鄭伯久於楚宋太子不得時見故慰遣之宋華費遂鄭大夫從從伐吳以荅見慰也使屈申圍朱方朱方吳邑齊慶封所封鄭大夫從答見慰也使屈申圍朱方朱方吳邑齊慶封所封也屈申屈蕩之也八月甲申克之執齊慶封而盡滅其族慶封以襄二十八年奔奔奔吳八月無甲申甲申日誤也將戮慶封椒舉曰臣聞唯無瑕者可以戮人慶封唯逆命是以在此逆命謂怯不恭順也

慶封唯逆命是以在此不恭順也

其肯從於戮乎言不肯默而從戮也播於諸

侯焉用之播揚也王弗聽負之斧鉞

以徇於諸侯使言曰無或如齊慶

封弑其君弱其孤以盟其大夫齊崔

杼弑君慶封其黨也故以弑君罪責之也慶封曰無

以弒君罪責之也　慶封曰無
或如楚共王之庶子圍弒其君兄
之子麇而代之以盟諸侯王使速
殺之遂以諸侯滅賴々子面縛銜
璧士袒輿櫬從之造於中軍　中軍王所將也
王問諸椒舉對曰成王克許　在僖六
許僖公如是王親釋其縛受其

也王問諸椒擧對曰成王克許傳
六年許傳公如是王親釋其縛受其
璧焚其櫬王從之從擧言也遷賴於鄢
鄢楚邑也楚子欲遷許於賴使鬬韋龜
與公子棄疾城之而還為許城之也韋龜子文
之玄孫也申無宇曰楚禍之首將在於

孫也

此矣召諸侯而來伐國而克城竟

莫校（謂築城於外竟諸侯無與爭也）王心不違民

其居乎（言將有事民不得安也）民之不處其誰

堪之不堪王命乃禍亂也九月取

鄫言易（以豉反）也莒亂著（直居反徐直據反）丘公立而不撫

鄫鄫叛而來故曰取凡克邑不用

曽言擾也莒亂著丘公立而不撫

鄭〻叛而來故曰取凡克邑不用

師徒曰取著丘公去疾也不書奔者潰散而來將師微也

重發例者以通叛而自來鄭子産作丘賦丘十六井

當出馬一匹牛三頭今子産別賦其田如魯之田賦田賦在哀十一

年國人謗之謗毀也曰其父死於路

謂子國爲尉　謂子産重

賦重

國人謗之曰其父死於路

謂子國爲尉氏所殺之也己爲蠆尾敕邁反謂子產重賦毒害百

姓也以令於國〻將若之何子寬以

告子產子寬鄭大夫也子產曰何害苟利

社稷死生以之以用也且吾聞爲善

者不改其度故能有濟也民不可

度法

者不改其度故有不濟也民不可

逞度不可改也度法詩曰礼義不愆

何恤於人言逞詩也子産自以為權制濟國於礼義無

愆也吾不遷矣遷移也渾罕曰侵温反　徐許但反國氏其先

亡乎渾罕子寛也君子作法於涼力良　徐力亮反其敝

猶貪涼薄也作法於貪敝將若之何

言不可……生刈

猶貪也　作法於貪弊將若之何

言不可久行也　姫在列者　在列國也　蔡及曹滕

其先亡偪而無礼　蔡偪楚曹滕偪宋也　鄭

先衛亡偪而無法　偪晉楚也　政不率法

而制於心民各有心何上之有　子産

權時救急渾罕譏之正道也　冬呉伐楚入棘櫟

服庠上吉

櫟力狄反徐又失灼反

麻　棘櫟麻皆楚東鄙邑也譙國鄼

譏之正道也　冬吴伐楚入棘櫟
麻　棘櫟麻皆楚東鄙邑也譙國酇
縣東北有棘亭汝陰新蔡縣東
北有櫟亭也之　以報朱方之役　朱方役在此年秋
楚沈尹射奔命於夏汭　夏汭漢水曲入江今
夏口也吴兵在東北楚盛兵在東南以絶其後也　箴尹宜
咎城鍾離　宜咎本陳大夫襄二十四年奔楚　薳啓

咎城鍾離二十四年奔楚薳啟彊城巢然丹城州來然丹鄭穆公孫襄十九年奔楚東國水不可以城彭生罷賴之師彭生楚大夫也罷鬭韋龜城賴之師也初穆子去叔孫氏及庚宗成十六年辟僑如之難奔齊庚宗魯地也遇婦人使私為食而宿焉問其行告之故哭而送之婦人聞其

也遇婦人使私爲食而宿焉問其
行告之故哭而送之婦人聞而哭之適齊
娶於國氏國氏齊正卿姜姓也生孟丙仲壬
夢天壓己弗勝穆子夢也顧而見人黑
而上僂僂肩傴也深目而豭喙口象猪也
號之曰牛助余乃勝之旦而皆召
徒從志識

號之曰牛助余乃勝之旦而皆召
其徒無之徒從者也且曰志之志識也及
宣伯奔齊饋之宣伯僑如穆子之兄也成十六年奔
齊穆子饋宣伯也宣伯曰魯以先子之故
先子宣伯先人也將存吾宗必召女
何如對曰願之久矣言兄始為亂已則有
兢今日之願

[illegible]亂已則有

令日之顛蓋念諱也魯人召之不告而歸既

立在齊生孟丙仲壬魯召之立為卿也襄二年始見經所宿

庚宗之婦人獻以雉獻穆子也問其姓

問有子否對曰余子長矣能奉雉而從

我矣襄二年豎牛年五六歲已召而見之則所

[illegible]

矣年五六歲已召而見之則所
夢也未問其名號之曰牛對曰唯
皆召其徒使視之遂使為豎豎小臣也
傳言從夢未必吉也有寵長使為政為家政也公
孫明知叔孫於齊公孫明齊大夫子明之與叔孫
相親知也歸未逆國姜子明取之國姜孟仲
母

知也歸未逆國姜子明取之孟仲一母也故怒其子長而後使逆之子孟丙仲壬也田於丘蕕丘蕕地名也遂遇疾焉豎牛欲亂其室而有之強與孟盟不可欲使從已孟不肯也叔孫為千偽反又如字孟鐘曰爾未際際㨎也孟未與諸大夫相㨎見也饗大夫以落以猳猪血 饗食礼

切韻古牙反豭也說文曰牡豭也

饗

陪大夫相接見也饗大夫以

之以豭豬血釁鐘曰落既具饗禮具之使豎牛請

日請鄉日也牛入弗謁謁白也出命之日

詐命日也及賓至聞鐘聲牛曰孟有北

婦人之客北婦人國姜也客謂公孫明也怒將往

牛止之賓出使拘而殺諸外殺孟丙也

丙也
牛又強與仲盟不可仲與公御萊
書觀於公萊書公御士名也仲與
之私遊觀於公宮也
公與之環賜玉使牛入示之示叔
環也孫也
入示出命佩之牛謂叔孫見仲而
何而何如
何也叔孫曰何為佐牛
言也曰不
言仲已自

何[何也]叔孫曰何爲[言也]曰不
見既自見矣[言仲已自往見公也]公與之環
而佩之矣遂逐之奔齊疾急命召
泄奔
仲牛許而不召杜洩(息列反)見告之飢渴
授之戈[杜洩叔孫氏宰也牛不食(音嗣)叔孫ゝゝ怒欲使杜洩殺
之也]對曰求之而至又何去(起呂反注及下同)焉[言求食可
無爲去
得無爲去豎牛蓋杜洩力

無為去

也對曰求之而至又何去焉食可
得無為去豎牛蓋杜洩力
不能去設譁以冤也迄豎牛曰
夫子疾病不欲見人使寘饋于个
而退寘置也个東西廂也牛弗進則置虛命
徹爲器令空示若叔孫已食命去之也
十二月癸丑
叔孫不食乙卯卒三日絶糧也牛立昭
昭子豹之庶

叔孫不食乙卯卒 糧也 牛立昭

子而相之 息亮反 昭子豹之庶 子叔孫婼也 敕略反 公使杜洩

葬叔孫豎牛賂叔仲昭子與南遺

昭子叔仲帶也 南遺季氏家臣 使惡 烏路反 杜洩於季孫

而去之 惛洩不與 已同志也 杜洩將以路葬 輅本

且盡卿礼 路 略本 王所賜 叔孫車也 南遺謂季孫

且盡卿禮叔孫車也南遺謂季孫
曰叔孫未乘路葬焉用之且冢卿
無路介卿以葬不亦左乎冢卿謂季孫也
介次也左不便也季孫曰然使杜洩舍路
舍置也不可曰夫子受命於朝而聘
于王在襄二十四年夫子謂叔孫也王思舊勳而
感其有礼以

夫子謂叔孫也 王思舊勳而
賜之路 感其有礼以念其先人也 復命而致之
君 豹不敢自乗也 君不敢逆王命而復賜
之使三官書之吾子為司徒實書
名 謂季孫也書名定位號也 夫子為司馬與工
正書服 謂叔孫也服車服之器工正所書也 孟孫為
勲功

已書服之器工正所書也孟孫為
司空以書勳勳功也今死而弗以是
棄君命也書在公府而弗以是廢
三官也若命服生弗敢服死又不
以將焉用之乃使以葬季孫謀去
中軍豎牛曰夫子固欲去之誣叔孫以
媚季眉冀反

媚季孫也

經

五年春王正月舍中軍襄十一年始立中軍

楚殺其大夫屈申書名罪之也公如晉

夏莒牟夷以牟婁及防茲來奔城陽平昌縣西南有防亭姑幕縣東北有茲亭

秋七月公至

姑幕縣東北有茲亭秋七月公至
自晉戊辰叔弓帥師敗莒師于蚡
泉蚡泉魯地秦伯卒無傳不書名未同盟也冬楚子
蔡侯陳侯許男頓子沈子徐人越
人伐呉

傳五年春王正月舍中軍卑公室也
罷中軍季孫稱左師孟氏稱右

傳五年春王正月舍中軍卑公室也

罷中軍季孫稱左師孟氏稱右師叔孫氏則自以叔孫爲軍名毀

中軍于施氏成諸臧氏季孫不欲親其議故

勅二家會諸大夫發毀置之計又取其令名初作中軍

三分公室而各有其一三家各有一軍家屬

季氏盡征之无所入於公也叔孫氏臣其

季氏盡征之於公也叔孫氏臣其

子弟以父兄歸公也孟氏取其半焉役以子弟

之半歸公及其舍之也四分公室季氏

擇其二簡擇取二分也二子各一皆盡征

之而貢于公國人盡屬三家三家隨時獻公而已以

書使杜洩吉於殯吉叔孫之柩也曰子固

[illegible]

書使杜洩告於殯之柩也曰子固

欲毀中軍既毀之矣故敢告杜洩

曰夫子唯不欲毀也故盟諸僖閎

詛諸五父之衢皆在襄十一年受其書而

投之投擲地也帥士而哭之痛叔孫之見誣叔

仲子謂季孫曰帶受命於子叔孫

仲子謂季孫曰帶受命於子叔孫曰葬鮮者自西門不以壽終為鮮西門非魯朝之正門也季孫命杜洩命使從西門也杜洩曰卿喪自朝魯禮也從生存朝覲之正路也吾子為國政未改禮而又遷之遷易也羣臣懼死不敢自也自從也既葬而行

善杜洩能[illegible]聞喪[illegible]

臣懼死不敢自也也既葬而行

善杜洩能辟禍也仲至自齊聞喪而来季孫欲

立之南遺曰叔孫氏厚則季氏薄

彼實家乱子勿與知不亦可乎南

遺使國人助豎牛以攻諸大庫之

庭攻仲壬也曾城内有大庭氏之虚於其上作庫也庫也司

庭之虛於其上作庫也庫也　言
宮射之中目而死豎牛取東鄙三
十邑以與南遺取叔孫氏邑也昭子即位
朝其家衆曰豎牛禍叔孫氏使亂
大從使從於亂殺適立庶又披其邑將
以赦罪披析也謂以邑與南遺也昭子不知豎牛餓殺其父
故但言其

[illegible][illegible]昭子不知豎牛饑殺其父故但言其見罪也罪莫大焉必速殺之豎牛懼奔齊孟仲之子殺諸塞關之外齊魯界上關也投其首於寧風之棘上寧風齊地也仲尼曰叔孫昭子之不勞不可能也不以立己為功勞攄其所言善之時魯人不以饑死語昭

不可能也所言善之時魯人不以餓死語昭子也之周任有言曰為政者不賞私勞不罰私怨詩云有覺德行四國順詩大雅也覺直也言德行直則四方順從之初穆子之生也莊叔以周易筮之莊叔穆子父得臣也遇明夷䷣離下坤上明夷之謙䷎艮下坤上謙明夷

楚

得臣也遇明夷䷣上明夷之謙䷎艮下坤上謙明夷初九變爲謙也以示卜楚丘楚丘卜人姓名也曰是將行行出奔也而歸爲子祀奉祭祀也以讒人入其名曰牛卒以餒奴罪反餓也死明夷日也離爲日夷傷也日明傷也日之數十甲至癸也故有十時亦當十

日之數十　癸也故有十時亦當十
位自王以下其二為公其三為卿
日中當王食時當公平旦為卿雞
鳴為士夜半為皁定為輿黃昏
為隸日入為僚晡時為僕日昳為
臺隅中日出闕不在第尊王公曠
其位也

日上其中日中盛明故以當王也食日

為二公位旦日為三卿位明夷之謙明

[illegible]融朗也離在坤

焉二位旦日焉三位明夷之謙明
而未融其當旦乎融朗也離在坤
下日在地中之
象又變為謙謙道卑退故曰明而
未融也日明未融故曰其當旦乎
也故曰為子祀莊叔卿也卜豹為
卿故知為子祀也
日之謙當鳥故曰明夷于飛離為
日為
鳥離變為謙日光不足故當
鳥鳥飛行故曰于飛也迟明而
於日為未融於

鳥〻飛行故曰于飛也迳旦日占

未融故曰垂其翼於日為未融於鳥為垂翼也

象日之動故曰君子于行明夷初九得位有應君子象也在明傷之世居謙下之位故將辟難而行當三

在旦故曰三日不食旦位在三又非食時故曰三日不食也

離火也艮山也離為火〻

〻離艮合〻〻〻艮為

食也

離火也艮山也離爲火火焚山山敗離艮合體故也於人爲言艮爲言也敗言爲讒爲離所焚故言敗也故曰有攸往主人有言言必讒也離變爲艮故言有所往往而見燒故曰主人有言言而見敗故必讒言也純離爲牛易離上離下離畜牝牛頻忍反舊扶死反吉故言純離爲牛也世亂讒勝

離焚山

吉故言此離爲牛也　世亂讒勝

〻將適離故曰其名曰牛　勝將適離焚山則離勝

譬世亂則讒勝山焚則離獨存故

知名牛也豎牛非牝於牛故不吉

也　謙不足飛不翔　謙道沖退故飛不遠翔　垂

不峻翼不廣　峻高也翼垂下故不能廣遠也　故曰

其爲子後乎　不遠翔故知不遠去也　吾子亞

卿　旦日正卿之位莊

其爲子後乎不遂去也（遂本作）吾子亞卿也抑少不終且日正卿之位莊叔父子世爲亞卿位不足以終盡卦體蓋引而致之也楚子以屈申爲貳於吳乃殺之造生貳心也以屈生爲莫敖生屈建子使與令尹子蕩如晉逆女過（古禾反）鄭鄭伯勞（力報反後皆同）子蕩于氾（徐扶嚴反）勞屈生

女過鄭伯勞子蕩于汜勞屈生于菟氏汜菟氏皆鄭地晉侯送女于邢丘子產相鄭伯會晉侯于邢丘傳言楚強諸侯畏敬其使也公如晉即位而往見也自郊勞至于贈賄往有郊勞去有贈賄無失禮揖遜之禮也晉侯謂女叔齊曰魯侯不亦善

晉侯謂女叔齊曰魯侯不亦善
於礼乎對曰魯侯焉知礼公曰何
爲自郊勞至于贈賄礼無違者何
故不知對曰是儀也不可謂礼々
者所以守其國行其政令無失其
民者也今政令在家在大夫也不能取
羈

民者也今政令在家夫也不能取

也有子家羈弗能用也羈莊公玄孫懿伯也

奸大國之盟陵虐小國謂伐莒取鄆也利

人之難謂往年莒亂而取鄆也不知其私不自

知有私難也公室四分民食於他他謂三家

也言魯君與民無異也思莫在公不圖其終息吏反謂存恤也一本如字

無爲公謀

民无異也 思莫在公不圖其終

無爲云謀 終始者也 爲國君難將及身不恤

其所禮之本末將於此乎在其所

禮之本末將乎在 在恤民與 憂國也 而屑

屑焉習儀以亟 紀力反急也 言以習儀 爲急也 言善於

禮不亦遠乎君子謂叔侯於是乎

知禮 持晉侯亦共改故

禮不亦遠乎君子謂叔侯於是乎

知禮時晉侯亦失政叔向以此諷諫也芳鳳反本亦作風音同晉韓宣子

如楚送女叔向為介音界鄭子皮子大音泰

叔勞諸索悉洛反氏河南城皋縣東有大索城大叔謂

叔向曰楚王汰侈已甚子其戒之

叔向曰汰侈已甚身之災也焉於虔反能

及人

叔向曰汏侈已甚身之災也焉於虔反能

及人若吾奉吾幣帛慎吾威儀守

之以信行之以禮敬始而思終終

無不復事皆可復行也從而不失儀從順也

敬而不失威道音導之以訓辭奉之以

舊法考之以先王以先王之禮成其好呼報反也度待洛反注同

稽決先之先王成其好也（好，呼報反）度（待洛反，注同）
之以二國　度晉楚之人勢而行之者也　雖汰侈
若我何及楚〻子朝其大夫曰晉
吾仇敵也苟得志焉無恤其他今
其來者上卿上大夫也若吾以韓
起為閽（閽，音昏）刖（刖，音月，又五刮反）足使守門也　以羊舌肸（肸，許乙反）為司宮
加宮

走為閽守門也以羊舌肸為司宮
加宮刑也是以辱晉吾亦得志矣可乎
大夫莫對薳啓強曰可苟有其備
何故不可恥匹夫不可以無備況
恥國乎是以聖王務行禮不求恥
人朝聘有珪珪以為信也享覜有璋
也覜見也既朝聘而享

述職　述其所治國之功職也

慇懃

[…]則以珪致信也享覜有璋饗也覜見也既朝聘而享見也臣為君使執璋也小有述職諸侯適天子曰述職大有巡功天子巡守曰巡功也設机而不倚爵盈而不飲言務行禮宴有好貨宴飲以貨為好衣食車馬在落所無也飧有陪鼎熟食為飧陪加也加鼎所以厚殷勤也入有郊勞賔至逆勞之出有贈賄去則贈之[…]

鼎所以厚殷勤也入有郊勞至

逆勞之於郊也出有贈賄去則贈之以貨賄也禮之

至也國家之敗失之道也則禍亂

興失朝聘宴好之道也城濮之役在僖二十八年晉

無楚備以敗於邲在宣十二年言兵禍始於城

濮也邲之役楚無晉備以敗於鄢在成

十六

也必之從寄無晉備以財力焉

十六年自鄢以來晉不失備而加之

以礼重之以睦若臣和也是以楚弗能

報而求親焉既獲姻親又欲恥之

以召寇讎備之若何言何以為備也誰其

重此言恐重也若有其人恥之可也謂有

賢人以敵晉

[illegible]山重也若有其人恥之可也有賢人以敵晉則可恥之也若其未有君亦圖之晉之事君臣曰可矣求諸侯而麇至麇羣也求昏而薦女薦進也君親送之上卿及上大夫致之猶欲恥之君其亦有備矣不然奈何韓起之下趙成中行吳魏舒范鞅知

君其亦有備矣不然奈何韓起之

下趙成中行吳魏舒范鞅知盈五卿

位在韓起之下皆三軍之將佐

也成趙武之子吳荀偃之子也羊

舌肸之下祁午張趯籍談女齊梁丙

張骼輔躒苗賁皇皆諸侯之選也

言非凡

人也韓襄為公族大夫韓須受

襄韓無忌子之為公族

人也

命而使矣襄韓無忌子也為公族大夫須起之門子也年雖幼已任出使也箕襄邢帶二人韓氏族也叔禽叔椒子羽皆韓起庶子也皆大家也韓賦七邑皆成縣也成縣賦百乘也羊舌四族皆彊家也四族銅鞮伯華叔向叔魚叔虎兄弟四人也

韓襄起之兄子箕襄邢帶二人韓氏族韓須叔禽叔椒子羽四人皆韓起子凡七人

四人皆韓起子凡七人
二邑楊肸
叔向本羊舌氏食菜於楊故又號〻也

[illegible]七魚叔虎兄弟四人也

晉人若喪韓起楊肸五卿八大夫五卿趙成以下八大夫祁午以下輔韓須楊石石叔向子食我也因其十家九縣韓氏七羊舌氏四而言十家舉大數也羊舌四家共二縣故但言其彊家長轂九百長轂戎車也縣百乘也其餘四十縣遺守四千計遺守國者[illegible]

一縣百乘也其餘四十縣遺守

四千計遺守國者尚有四千乘奮其武怒以報

其大恥伯華謀之伯華叔向兄也中行伯

魏舒帥之伯中行吳也其蔑不濟矣君

將以親易怨共婚姻之親也實無禮以速

寇而未有其備使羣臣往遺之禽

冦而未有其備使羣臣往遺之禽以逞君心何不可之有王曰不穀之過也大夫無辱謝啓彊也厚為韓子礼王欲敖叔向以其所不知而不能言叔向之多知之也亦厚其礼韓起反鄭伯勞諸圉圉鄭地名辭不敢見礼也

伯勞諸圉地名辭不敢見禮也使君命未反故也鄭罕虎如齊娶於子尾氏自為逆也晏子驟見之陳桓子問其故對曰能用善人民之主也謂授子產政也夏莒牟夷以牟婁及防茲來奔牟夷非卿而書尊地也尊重也重地故書以名其人終為[illegible]愬魯受[illegible]

故書以名其人終為不義也

莒人愬于晉愬魯受牟夷也晉侯欲止公范獻子曰不可人朝而執之誘也討不以師而誘以成之惰也為盟主而犯此二者無乃不可乎請歸之間而以師討焉間閑暇也乃

乎言歸之階而以節言焉暇也乃

歸公秋七月公至自晉莒人來討

討𣩵羊不設備戊辰叔弓敗諸蚡

夷也

泉莒未陳也嫵君臣異故重發例也冬十月

楚子以諸侯及東夷伐吳以報棘

櫟麻之役役在四年薳射以繁揚之師

會楚

櫟麻之役四年薳射以繁揚之師

會於夏汭會楚子也越大夫常壽過帥

師會楚子于瑣瑣楚地也聞吳師出薳

啓彊帥師從之從吳師也遽不設備吳

人敗諸鵲岸廬江舒縣有鵲尾渚楚子以馹

至於羅汭馹傳也羅水名也吳子使其弟蹶

由犒師

至於羅汭水名也吳子其弟蹶居衛反

由犒若報反師犒勞楚人執之將以釁許覲反鼓王

使問焉曰女卜来吉乎對曰吉寡

君聞君將治兵於敝邑卜之以守手又反下同

龜曰余亟紀力反使人犒師請行以觀王

怒之疾徐而為之備尚克知之言

吳

令龜如

怒之疾徐而爲之備尚克知之吳令龜如此也龜兆告吉曰克可知也君若驩焉好呼報反逆使所吏反下並同臣滋敝邑休殆休懈佳買反也而忘其死亡無日矣今君奮焉震電馮皮氷反徐敷氷反注同怒馮盛也虐執使臣將以釁鼓則吳知所備矣敝邑雖羸力危反若早

鼓則吳知所備矣敝邑雖羸〔力危反〕若早

脩完〔完器備也〕其可以息師〔息楚之師也〕難

易〔以鼓反〕有備可謂吉矣且吳社稷是卜

豈為〔于僞反〕一人使臣獲釁軍鼓而敝邑

知備以禦〔魚呂反〕不虞其為吉孰大焉國

之守龜其何事不卜〔言常卜也〕一臧一

之守龜其何事不卜卜也一臧一否其誰能常之城濮之兆其報在邲城濮戰楚卜吉其效乃在邲也今此行也其庸有報志言吳有報楚意乃弗殺楚師濟於羅汭沈尹赤會楚子次於萊山薳射帥繁揚之師先入南懷楚師從

南懷女青

射師繁揚之師先入南懷楚師從之及汝清南懷汝清皆楚界也吳不可入有備楚子遂觀兵於坻箕之山觀示也是行也吳早設備楚無功而還以蹶由歸楚子懼吳使沈尹射待命于巢薳啓彊待命于雩婁禮也善有備也

巢薳啓彊待命于雩婁禮也　（于徐況于反如淳周書昭之盧）備也

秦后子復歸於秦　元年奔晉　景公卒故也　終五稔（而甚反）之言也

經六年春王正月杞伯益姑卒　無同盟也

葬秦景公夏季孫宿如晉葬杞文公　無傳

宋華（戶化反）合比（如字又毗志反）出奔衛　合比事君不以道自取奔亡書

日字古本
消之可勘
新本
士以下葬
以上六字オナ

公傳宋華合比出奔衛不以道自

取奔已書召罷之也秋九月大雩楚薳罷帥

師伐呉冬叔弓如楚齊侯伐北燕

傳六年春王正月杞文公卒弔如同

盟禮也魯怨杞因晉取其田而今不廢喪紀故曰禮之大

夫如葬景公禮也合先王士弔大夫送葬之

禮

士以下葬　以上六字ヨナ

夫如秦葬景公禮也大夫送葬之礼也

三月鄭人鑄刑書鑄刑書於鼎以為國之常法也

叔向使詒子產書詒遺也曰始吾

有虞於子虞度也言準度子產以為己法也今則

已矣已止也昔先王議事以制不為

刑辟懼民之有爭心也臨事制刑不豫設法

也法豫設則民

刑辟懼民之有爭心也不豫設法也法豫設則民知爭端也之猶不可禁禦是故

正義云禮謂舉治也

閑之以義閑防也糾之以政糾舉也行之以禮守之以信奉之以仁奉養也制為祿位以勸其從勸從教者也嚴斷刑罰以威其淫淫放也懼其未也故

婢亦反下皆同　一闢之一注及下注同本　魚呂反　丁亂反下文及注同

刑罰以威其淫也　懼其未也故
誨之以忠聳之以行下孟反聳懼教之以
息勇反　也
務時所使之以和說以使臨之以
急也　民也
敬涖之以彊施之於事斷之以剛
方利反又方類　為涖也
義斷猶求聖哲之上明察之官上
恩也　公
王也官卿
大夫也忠信之長丁丈反慈惠之師民

大夫也　忠信之長丁丈反慈惠之師民於是乎可任使也而不生禍乱民知有刑辟則不忌於上　權移於法故民不畏上也　並有爭心以徵於書而徼本又作邀古堯反幸以成之　因危文以生爭緣徼幸以成其巧偽如字又昔孝反也　弗可為矣　為治也　夏戶稚反注同有乱政而作禹刑商有

夏商之乱著禹湯

矣也夏有乱政而作禹刑
乱政而作湯刑夏商之乱著禹湯之法言不能議事
以制也周有乱政而作九刑周之衰亦為刑
書謂之九刑也三辟之興皆叔世也言刑書不
起於始盛之世今吾子相鄭國作封洫在襄
三十年立謗政作丘賦在四年制參辟鑄刑
書制參辟謂用三

年[illegible]言在四年前[illegible]鑄[illegible]
書制參辟謂用三將以靖民不亦
代之末法也
難乎詩曰儀式刑文王之德日靖
四方詩頌言文王以德為儀式故
能日有安靖四方之功刑法
也
又曰儀刑文王萬邦作孚詩大
雅也
言也文王作儀法為
天下所信孚信也
如是何辟之
有
言詩唯以德与
人如[illegible]

天下所信孚信也如是何辟
有言詩唯以德与信不以刑也民知爭端矣將
棄禮而徵於書以刑書為徵也錐刀之末
將盡爭之錐刀末喻小事也乱獄滋豐賄
賂並行終子之世鄭其敗乎肸聞
之國將亡必多制數改法也其此之謂
乎復書曰若吾子之言復報僑不

[illegible]國[illegible]以衛法也其此之謂
乎復書曰若吾子之言復報也僑不
才不能及子孫吾以救世也既不
承命敢忘大惠以見箴誡為大惠也士文伯
曰火見鄭其火乎火心星也周五月昏見也火
未出而作火以鑄刑器刑器鼎也藏爭
家類

未出而作火以鑄刑器鼎也藏爭辟焉火如象之不火何為象類也同氣相求火未出而用火相感而致災也夏季孫宿如晉拜莒田也謝前年受牟夷邑也不見討也晉侯享之有加籩籩豆之數多於常禮武子退使行人告之曰小國之事大國也苟

行人告之曰小國之事大國也苟免於討不敢求貺（貺賜也）得貺不過三獻（周礼大夫三獻）今豆有加下臣弗堪無乃戾也（懼以不堪為罪）韓宣子曰寡君以為驩也（以加豆之礼致驩心）對曰寡君猶未敢（未敢當此加礼也）况下臣君之隷也

[illegible][illegible]加礼也　況下臣君之隸也

家古　古說

敢聞加貺固請徹加而後卒事晉

人以為知礼重其好貨　呼報反下同　宴好之貨也　宋

或下侍釋文寺人

寺人柳有寵　太千文反下侍　良九反寺人名　有寵於平公也　太子佐惡之　烏路反

華合比曰我殺之　欲以求媚太子　柳聞之

乃坎用牲埋書　詐為盟處也　昌慮反下同　而告公曰

[illegible]人華臣也

乃坎用牲埋書處也而告公曰
合比將納亡人之族亡人華臣也襄十七年奔
衛也
既盟于北郭矣公使視之有焉
遂逐華合比合比奔衛於是華亥
欲代右師亥合比弟也欲得合比處也乃與寺
人柳比從為之徵曰聞之久矣
聞合比欲[illegible]之[illegible]代合比為

人柳比從為之徵曰聞之久矣
聞合比欲納華臣也
公使代之
代合比為右師也
見
於左師
左師向戌也
左師曰女夫也必
亡
夫謂華亥也
女喪而宗室於人何
有人亦於女何有
言人亦不能愛女也
詩
曰宗子維城毋俾城壞毋獨斯畏
詩大雅也言宗子之為

曰宗子維城毋俾城壞毋獨斯畏

詩大雅也言宗子之固若城也俾使也

女其畏哉

為二十年華亥出奔衛傳也

六月丙戌鄭災

終士文伯之言

楚公子棄疾如晉報韓子也

報前年送女也

過鄭鄭罕虎公孫僑游吉從

鄭伯以勞諸柤辭不敢見

不敢當國君之勞也

柤[illegible]

鄭伯以勞諸柤辭不敢見國君之
勞也柤鄭地也固請見之見如見王見鄭
伯如見楚王言弃疾
共而有礼也以其乘馬八匹私
面私見鄭伯見子皮如上卿如見楚上卿也以
馬六匹見子産以馬四匹見子大
叔以馬二匹降殺以兩也禁芻牧採樵
不入田

（疋）以馬二匹　兩也　禁（丙界反）芻（初俱反）牧採樵（似遙反下同）

不入田　不犯田種也　不樵樹不采蓺　蓺種

也　不抽（敕留反）屋不強（其丈反又其良反）匄　誓曰有犯命者（正義古本不誤人元）

匄　本或作丐古　蓋乞也說文　作匄逯安　說亡人為匄

君子廢小人降　君子則廢黜（敕律反）不得居位小人則退給（強乞也）

下劚也　舍不為暴主不慁（戶困反）賓　慁患也　往

來如是鄭三卿皆知其將為王也

三卿罕虎公

來如是鄭三卿皆知其將爲王也

〔三卿罕虎公孫僑游吉也〕韓宣子之適楚也楚

人弗逆公子棄疾及晉竟晉侯將（竟：古境反下注同）

亦弗逆叔向曰楚辟我衷〔辟邪也衷正也〕

若何效辟詩曰爾之教矣民胥效（效：戸孝反下同）

矣〔詩小雅言上教下效也〕從我而已焉用效（焉：於虔反）

斆下效也……於虔反

人之辟書曰聖作則逸書也則法也無寧

以善人為則無寧〻也而則人之辟乎

匹夫為善民猶則之況國君乎晉

侯說乃逆之傳言叔向知礼也秋九月大雩

旱也徐儀楚聘于楚儀楚徐大夫也楚子

早也徐儀楚聘于楚大夫也楚子執之逃歸懼其叛也使薳洩息列反伐徐薳洩楚大夫也吳人救之令尹子蕩帥師伐吳師干豫章而次干乾谿古兮反乾谿在譙國城父縣南楚東竟也吳人敗其師於房鍾房鍾吳地獲宮廄九又反尹棄疾鬬韋龜之父也子歸罪於薳

古說王正釋文作士正古本十作正或作王

鍾吳地獲宮廐尹棄疾之父也子
蕩歸罪於薳洩而殺之歸罪於薳洩不以敗
吉故不書也冬叔弓如楚聘且弔敗也
弔為吳所敗也十一月齊侯如晉請伐北
燕也吉盟主也士匄相士鞅逆諸河礼
也士匄晉大夫也相為介也得敬逆來者之礼也晉侯許

也　也得敬逆來者之礼也晉侯許

之十二月齊侯遂伐北燕將納簡

公簡公北燕伯也三年出奔齊晏子曰不入燕

有君矣民不貳吾君貪賄左右諂敕檢反

諛羊朱反作大事不以信未嘗可也爲明年暨齊平傳也

暨與也燕

傳也

經七年春王正月暨齊平暨與也燕與齊平也前年冬齊伐燕間燕與事故不重言燕從可知也三月公如楚叔孫婼如齊涖盟無傳公將遠適楚故叔孫先如齊尋舊好也夏四月甲辰朔日有食之秋八月戊辰衛侯惡卒元年大夫盟于

食之秋八月戊辰衛侯惡卒大夫
盟于
貔也九月公至自楚冬十有一月
癸未季孫宿卒十有二月癸亥葬
衛襄公

傳

七年春王正月暨齊平齊求之也齊
伐
燕〻人賂之反從來癸巳齊侯次
求平如晏子言也
貔燕

求平如晏子言也

癸巳齊侯次于虢虢燕竟也燕人行成曰敝邑知罪敢不聽命先君之敝器請以謝罪敝器瑶甕玉櫝之屬也公孫晳曰受服而退俟釁而動可也晳齊大夫也二月戊午盟于濡上濡水出高陽縣東北至河間鄚縣入易水燕人歸燕姬嫁女與

徐ウ須說　文女于反一ウ而文反文而于反

于濡上至河閒鄚縣入易水燕人

歸燕姬嫁女與賂以瑶甕玉櫝斝

磨侯也

耳不克而還瑶玉之櫝匵也楚子

斝耳玉爵也

之為令尹也為王旌以田

析羽為旌王旌游至於軫也

芋尹無宇斷之曰一國兩

君其誰堪之及即位為章華之宮

右雅反一ウ嫁礼　說文曰戠說　文合一周曰爵　說文一從斗

正ニ十二年是草名衷十七年陳有草有蓋皆以草名宮不知其以故依韻詮華山之華作去聲

山之華作云巖

君其誰堪之及即位為章華之宮納亡人以實之章華南郡華容縣也無宇之閽入焉有罪亡入章華宮也無宇執之有司弗與王有司也曰執人於王宮其罪大矣執而謁諸王執无宇也王將飲酒遇其歡也無宇辭曰天子經略經營天下略有四海故曰經略諸侯正封封疆有

也經營天下略有四海

故曰經略也 諸侯正封 封疆有定分也 古之制

也 封略之内何非君土食土之毛

誰非君臣 毛草也 故詩曰普天之下

莫非王土率土之濱莫非王臣 詩小

雅濱涯也 天有十日 甲至癸也 人有十等 王至

（旁注：居良反下同　扶問反　五佳反　正地之形勢水多於土居水畔　本或作溥亦同毛傳云大也今之左氏傳本或作普）

涯五佳反也天有十日甲至癸也人有十等王至

臺大イ也下所以事上〻所以共神也故

王臣公〻臣大夫〻〻臣士〻臣

皁〻臣輿〻臣隸〻臣僚〻臣僕

〻臣臺馬有圉牛有牧養馬曰圉養牛曰牧

以待百事今有司曰女胡執人於

王宮將焉執之周文王之法曰有

僕區烏侯反徐又如字刑書名也服云僕隱也區匿也為隱匿亡人之法也

以待百事今有司曰女胡執人於王宮將焉執之周文王之法曰有亡荒閱荒大也閱蒐也有亡人當大蒐其衆也所以得天下也吾先君文王楚文王也作僕區之法僕區刑書名也曰盜所隱器隱盜所得器也與盜同罪所以封汝也行善法故能啓疆北至

在裏

也 與盜同罪所以封汝也 故能啓（開）

疆北至 汝水也

若從有司是無所執逃臣也

逃而舍之是無陪臺也 言皆將逃也

王事無乃闕乎昔武王數紂之罪（色具反又色主反）

以告諸侯曰紂為天下逋（布呉反）逃主萃（在醉反）

淵藪（素口反） 萃集也天下逋逃悉以紂為淵藪集而歸之也

故夫（六扶又方于反）

人欲致死

淵（紂為淵藪集而歸之也）故夫

人致死焉（人欲致死）君王始求諸

侯而則紂（討紂也）無乃不可乎若以二文

之法取之盜有所在矣（言王亦為盜也）王

曰取而臣以往（往去也）盜有寵未可

得也（盜有寵王自謂也　為荊靈王張本也）遂赦之

楚子成章華之臺願與諸侯落之

衍也為葬靈王張本也[illegible]

楚子成章華之臺願與諸侯落之宮室始成祭之為落臺今在華容城内也太宰薳啓

彊曰臣能得魯侯薳啓彊來召公

辭曰昔我先君成公命我先大夫

嬰齊曰吾不忘先君之好將使衡

嬰齊曰吾不忘先君之好將使衡
父照臨楚國鎮撫其社稷以輯寧
爾民嬰齊受命于蜀 蜀盟在成二年衡父公衡
也 奉承以來弗敢失隕而致諸宗
祧 言奉成公此語以告宗廟也 曰我先君共王
引領北望日月以冀 冀望也 傳序相

於令其至日月以冀朝也傳序相

授於今四王矣四王共康郟敖及靈王也嘉惠

未至唯襄公之辱臨我喪襄公二十八年

如楚臨康王喪孤與其二三臣悼心失圖

在哀喪故也社稷之不皇況能懷思君

德皇暇也言有大喪多不暇也今君若步玉趾

得喪多不暇也今君若步玉

辱見寡君趾足也寵靈楚國以信蜀

之役致君之嘉惠是寡君既受貺

矣何蜀之敢望言但欲使君來不敢望如蜀役有貺

子也其先君鬼神實嘉賴之豈唯寡

君君若不來使臣請問行期問魯見伐

之

君若不來使臣請問行期

之朝寡君將承質幣而見于蜀以請

先君之貺也請問公將往夢襄公祖

祖祭道神也梓慎曰君不果行襄公之

適楚也夢周公祖而行今襄公實

祖君其不行子服惠伯曰行先君

未嘗適楚故周公祖以道之襄公

承或本

令案梓慎意襄公往楚而不敢蒙故

梓慎行　古本

勸去周公有聖德襄公元聖德也故

ウ致徐之二反又如字

未嘗適楚故周公祖以道之襄公適楚矣而祖以道君不行何之三月公如楚鄭伯勞于師之梁鄭城門也孟僖子為介不能相儀僖子仲孫貜也及楚不能荅郊勞為下僖子病不能相礼張本也夏

楚不能答郊勞能相禮張本也

四月甲辰朔日有食之晉侯問於士文伯曰誰將當日食對曰魯衛惡之受其凶惡也衛大魯小公曰何故對曰去衛地如魯地衛地豕韋也魯地降婁也日食於豕韋之末及降婁之始乃息故禍在衛大在魯小也周四月今二月故

惡　如字或烏路反非也

大本勘物云 有災謂日食也

息故禍在衛大在魯小也周四月
今二月故日在降婁於是有災魯實受之災發
於衛而魯受其餘禍其大咎其衛君乎魯將
上卿八月衛侯卒十一月季孫宿卒
公曰詩所謂
彼日而食于何不臧者何也感日食而
問詩
對曰不善政之謂也國無政不
用善則自取謫于日月之災譴

詩對曰不善政之謂也國無政不用善則自取謫于日月之災謫譴也故政不可不慎也務三而已一曰擇人擇賢人也二曰因民因民所利而利之也三曰從時順四時之所務也晉人來治杞田前汝叔侯不盡歸也今公適楚晉人恨故復來治杞田也季孫

楚晉人恨故復來治杞田也　子
將以成與之　成孟氏邑　謝息爲孟
孫守不可　家臣也　曰人有言曰
雖有挈缾之知守不假器礼也　挈缾
汲者喻小智也爲人守
器猶知不以借人也　夫子從君
夫子謂孟僖
子從公如楚　而守臣喪邑雖吾子
言季孫亦將

[illegible]子從公如楚[illegible]

亦有猜焉言季孫將疑我不忠也季孫曰君

之在楚於晉罪也言晉罪君之至楚也又不

聽晉魯罪重矣晉師必至吾無以

待之不如與之間晉而取諸杞候晉

間隙可被伐杞取之也吾與子桃魯國汴縣東南有桃

墟本

虛起居反成反誰敢有之是得二成也魯

杞取之也　吾與之桃東南有桃
虛成反誰敢有之是得二成也魯
無憂而孟孫益邑子何病焉辟以
無山與之萊柞萊柞二山也乃遷于桃謝息
遷也晉人為杞取成不書非公命也楚子享
公于新臺章華臺也使長鬣者相鬣鬚也
先[illegible]好之賜[illegible]

公于新臺章華臺也使長鬣者相欲光夸魯侯也好以大屈宴好之賜大屈弓名既而悔之薳啟彊聞之見公公語之拜賀公曰何賀對曰齊與晉越欲此久矣寡君無適與也而傳諸君君其備禦三鄰言齊晉越將伐魯而取之也慎守寶矣

……傳言楚

[illegible]其之[illegible] 魯而取之也 [illegible]

矣敢不賀乎公懼乃反之 傳言楚靈王不信所以不終

鄭子產聘于晉〻侯有疾

韓宣子逆客私焉 私語也 曰寡君寢

疾於今三月矣並走羣望 晉所望祀山川

皆走往祈禱也 有加而無瘳今夢黃熊入

祈禱也

于寢門其何厲鬼也對曰以君之

明子為大政其何厲之有昔堯殛

鯀于羽山羽山在東海祝其縣西南其神化為

黃熊以入于羽淵實為夏郊三代

祀之鯀禹父夏家郊祭之歷殷周二代又通在羣祀之數并見

祀

祀之二代又通在羣祀之數并見祀也

晉為盟主其或者未之祀也乎言周衰晉為盟主得佐天子祀羣神

韓子祀夏郊祀鯀也

晉侯有間間差也賜子產莒之二方鼎方鼎莒所貢也

子產為豐施歸州田於韓宣子豐施鄭公孫段之子也三年晉以州田賜段也曰

日君以夫公孫段為能任其事而

韓宣子　三年晉以州田賜段也

日君以夫公孫段為能任其事而

賜之州田今無祿早世不獲久享

君德其子弗敢有不敢以聞於君

私致諸子　此年正月公孫段卒宣子辭子產

曰古人有言曰其父析薪其子弗

克負荷　荷擔也以微

曰古人有言曰其父析薪其子弗

克負荷荷擔也以微薄喻貴重也施將懼不能

任其先人之祿其況能任大國之

賜縱吾子為政而可後之人若屬

有疆場之言敝邑獲戾招後代宜子者將以

鄭取晉邑罪鄭也而豐氏受其大討吾子

罪鄭也　而豐氏受其大討吾子

取州是免敝邑於戾而建置豐氏

也敢以為請　傳言子產貞而不諒也　宣子受

之以告晉侯〻〻以與宣子〻〻

為初言病有之　初言謂與趙文子爭州田也　以

易原縣於樂大心　樂大心宋大夫也原晉邑以賜

樂大心　鄭人相驚以伯有曰伯有至

易原縣於樂大心也原晉邑以賜樂大心也

鄭人相驚以伯有曰伯有至矣則皆走不知所往襄三十年鄭人殺伯有言其鬼至也鑄刑書之歲二月在前年也或夢伯有介而行介甲也曰壬子余將殺帶也駟帶助子晳殺伯有者也壬子六年三月三日也明年[illegible]公孫段豐

七壬子六年三月三日也日

日壬寅余又將殺段也公孫段豐氏黨壬寅

此年正月二十八日也及壬子駟帶卒國人

益懼齊燕平之月此年正月壬寅公孫

段卒國人愈懼其明月子產立公

孫洩及良止以撫之乃止公孫洩子孔之

子也襄十九年鄭殺子孔良止伯

孫洩（息列反）及良止以撫之乃止子孔之
子也襄十九年鄭殺子孔良止伯
有子也立以爲大夫使有宗廟也
子大叔問其故子產曰鬼有所歸
乃不爲厲吾爲之歸也大叔曰公
孫洩何爲子孔不爲厲問何爲復（扶又反）立洩也子產曰
說（如字下及注同徐始銳反）也爲身無義而圖說伯有無義以妖鬼故
立之恐惑民并立洩使若自以大

説也為身無義而圖説以妖鬼故
立之恐惑民并立洩使若自以大
義存誅絶之後者以解説民心也
從政有所反之以取媚也民不可
使知之
故治政或當反
道以求媚於民不媚不信説而後
信之也
不信民不從也及子產適晉趙景
子問焉景子晉中軍
佐趙成也曰伯有猶能

古本勘物云飲為精膽為魄細之類也

[illegible]問[illegible]佐趙成也曰伯有猶能

為鬼乎子産曰能人生始化曰魄魄形也既生魄陽曰魂陽神氣也用物精

多則魂魄強物權勢也是以有精爽至

於神明爽明也匹夫匹婦強死其魂

魄猶能馮依於人以為淫厲強死不病

也人謂匹夫

[illegible]不瘳

也人謂匹夫
匹婦賤身也　況良霄我先君穆公
之冑子良之孫子耳之子敝邑之
卿從政三世矣鄭雖無腆　腆厚也　抑
諺曰蕞爾國　蕞小貌也　而三世執其政
柄其用物也弘矣其取精也多矣

從政三世矣　子良公子去疾生子耳公孫輒ゝ生伯有良霄三世爲鄭卿

[illegible]良霄魂魄所

柄彼命反其用物也弘矣其取精也多矣

其族又天所馮厚矣良霄魂魄所馮者貴重也

而強死能為鬼不亦宜乎傳言子產之博敏也

子皮之族飲酒無度相尚以奢相困以酒

故馬師氏與子皮氏有惡馬師氏公孫鉏仕居反之子罕朔也襄三十年馬師頡戶結反出奔公孫鉏代之為馬師与子皮伹

同一……在此年

魋

奔公孫鉏代之為馬師与子皮俱同一族也齊師還自燕之月在此年二月也罕朔殺罕魋魋子皮弟也罕朔奔晉韓宣子問其位於子產問朔可使在何位也子產曰君之羈臣苟得容以逃死何位之敢擇卿違從大夫之位謂以禮去者降位一罪人以其罪降罪重則古之

之卿違從大夫之位去者降
位一等也罪人以其罪降罪重則降也古之
制也朔於敝邑亞大夫也其官馬
師也大夫位也馬師職也獲戾而逃唯執政
所寘之之豉反得免其死為惠大矣又敢
求位宣子為子產之敏也使從嬖必計反
爲子產故更降一

求位宣子為子産之敏也使從嬖大夫爲子産故使降一等不以罪降也秋八月衛襄公卒晉大夫言於范獻子曰衛事晉為睦睦和晉不禮焉庇其賊人而取其地賊人孫林父也其地戚也故諸侯貳詩曰鵰鴒在原兄弟急難詩小雅也鵰鴒雝渠也飛則鳴行則搖

賁詩曰脊令在原兄弟急難雅也

鶺鴒鶅渠也飛則鳴行則搖○兄弟相救於急難不可自舍也又

曰死喪之威兄弟孔懷威畏也言有死喪則

兄弟宜相懷思兄弟之不睦於是乎不弔

不相弔恤況遠人誰敢歸之今又不禮

於衛之嗣嗣新君也衛必叛我是絕諸

侯也獻子以告韓宣子

於衞之嗣君也衞必叛我是絕諸

侯也獻子以告韓宣子〻〻說使

獻子如衞弔且反戚田傳言戚田所由還衞

也衞齊惡告喪于周且請命王使

郕簡公如衞弔簡公王卿士也且追命襄

公曰叔父陟恪在我先王之左右

陟登也恪敬也帝天

公曰叔父陟恪在我先王之左右以佐事上帝陟登也恪敬也帝天也叔父謂襄公也命如今之哀策余敢忘高圉亞圉二圉周之先祖也為殷諸侯亦受殷王追命者也九月公至自楚孟僖子病不能相禮不能相儀答郊勞以此為己病乃講學之講習也苟能禮者從之

二十四年孟僖子

孟僖子病不能礼本或作病不能礼相息亮反

亮久

病不講學之也苟能禮者從之

及其將死也二十四年孟僖子卒傳終言之也召

其大夫僖子屬大夫也曰禮人之幹也無

禮無以立吾聞將有達者曰孔丘

僖子卒時孔丘年三十五也聖人之後也聖人殷湯

而滅於宋孔子六代祖孔父嘉為宋督所殺其子奔魯也

而滅於宋宋督所殺其子奔魯也
其祖弗父何以有宋而授厲公弗父
何孔父嘉之高祖宋閔公之子厲公
公之兄也何適嗣當立以讓厲公
也及正考父弗父何之曾孫也佐戴武宣
三人皆宋君也三命茲益共三命上卿也言位高益共也
故其鼎銘云考父廟之鼎也一命而僂再
命而傴三命而俯共於傴

故其鼎銘云（之鼎也）一命而僂再
命而傴三命而俯（俯共於傴，傴共於僂也）循
牆而走（言不敢安行也）亦莫余敢侮（其共如是，人亦不敢侮慢之也）饘於是鬻於是以餬
余口（於是鼎中為饘鬻，饘鬻餬屬，言至儉也）其共也
如是臧孫紇有言（紇武仲也）曰聖人有

女是謂孫紇有言仲也曰聖人有

明德者若不當世其後必有達人

聖人之後有明德而不當大位謂正考父也今其將在

孔丘乎我若獲沒得以壽終也必屬說

與何忌於夫子使事之說南宮敬叔何忌孟

懿子皆僖子之子也而學禮焉以定其位知禮

子之子也[illegible]禮
則位安也故孟懿子與南宮敬叔師事
仲尼仲尼曰能補過者君子也詩
曰君子是則是效詩小雅也孟僖子可
則效已矣單獻公弃親用羈獻公周卿
士單靖公之子頃公之孫羈寄容也冬十月辛酉襄
頃之族殺獻公而立成公襄公頃

公之孫羈寄客也

頃之族殺獻公而立成公襄公頃公之族

也成公獻公弟也

十一月季武子卒晉侯

謂伯瑕伯瑕士文伯也曰吾所問日食從

矣可常乎衛侯武子皆卒故也對曰不可六

物不同各異時也民心不壹政教殊也事序

物不同（時也）民心不壹（殊也）事序不類（有變易也）官職不則（治官居職非一法也）同始異終胡可常也詩曰或燕々以居息或憔悴事國（憔在遙反詩作盡　悴在醉反）（詩小雅言不同也）其異終也如是公曰何謂六物對曰歲時日月星辰是謂也公曰多語寡

古本十勘物云語辰人之異説

時日月星辰是謂也公曰多語寡人辰

莫攘反

人辰而莫同何謂辰對曰日月之會是謂辰

一歲日月十二會所會謂之辰也

故以配日

謂以子丑配甲乙也

衛襄公夫人姜氏無子

姜氏宣姜也

嬖人婤姶生孟縶

婤周又直周反徐敕周反　姶烏荅反　縶張立反

孔成子夢康叔謂己立元

成子衛卿孔達之孫烝鉏也元孟縶弟

成子夢康叔謂己立元孔達之孫烝鉏也元孟縶弟也夢時元未生也余使羈之孫圉與史苟相之羈烝鉏子也苟史朝子也史朝亦夢康叔謂己余將命而子苟與孔烝鉏之曾孫圉相元史朝見成子吉之夢協協合也晉韓宣子為政

告之[illegible]也　晉韓宣子爲政

聘于諸侯之歲在二年　婤姶生子名

之曰元孟縶之足不能行也　跛孔

成子以周易筮之曰元尚享衛國

主其社稷令蓍筮也　遇屯䷂震下坎上屯也　又

曰余尚立縶尚克嘉之嘉善也　遇屯

䷂之比䷇坤下坎上比也

曰余尚立縶尚克嘉之遇屯䷂之比䷇坤下坎上比也初九爻變也以示史朝〻〻曰元亨又何疑焉周易曰屯元亨也成子曰非長之謂乎言屯之元亨謂年長非謂爲元也對曰康叔名之可謂長矣善之長也孟非人也將不列於宗不可謂長足跛非全人不[illegible]且其繇曰利建侯

何建　本或作可建

也孟非人也將不列於宗不可謂

長足跛非全人不可列為宗主也且其繇曰利。建建侯卦辭也嗣吉何

乙非嗣也嗣子有常位故无所卜又无所違今以位不定

卜嗣得吉則當從吉而建之也二卦皆云謂再得屯卦皆

有建侯之文也子其建之康叔命之二卦

告之筮襲於夢武王所用也弗從

何為外傳云大誓曰朕夢協朕卜

告之筮襲於夢武王所用也弗從

何為外傳云大誓曰朕夢協朕卜襲於休祥戎商必克此武王之辭也

弱足者居跛則偏弱居其家不能行也侯主

社稷臨祭祀奉民人事鬼神從朝

會又焉得居各以所利不亦可乎

孟跛利居元吉利建故孔成子立靈公十二

靈公

元吉利建[illegible]

月癸亥葬衛襄公靈公元也

春秋經傳集解昭二卷第二十一　經八千二百四十字 注五千四百三十六字

春秋卷第二十一　家本以此之

本ナ實云

本奥云
文永二年十月十一日以清大外記教隆
本書寫校點了
本奥云本奥云
治承五年四月廿七日授説於良別駕了
在御判
元暦元年五月四日雨中重受説了
主水正良業
建暦三年霜月廿日以家秘説授愚
息仲宣了
國子助教在判
延應二年四月九日以家説授愚息隆尚了
助教在判
正嘉二年七月八日手自書寫了

正嘉二年七月八日手自書寫了

鷹司之錄乎　清原在判

助教在判

同年同月廿日以累代之秘説校點了

從以一字一點不借他人之手而已于時

涼風拂軒陰雨灑砌者也

權少外記直隆

文永五年十月一日以外記

文永五年十月一日以家説

文永八年十一校畢　累書同

文永六年　六月廿七日以累家

秘説奉授越後次郎尊閤畢

音博士清原

於相〻酔醒間〻下一覧已了

于時正應己丑閏三月十三日　老聖翁

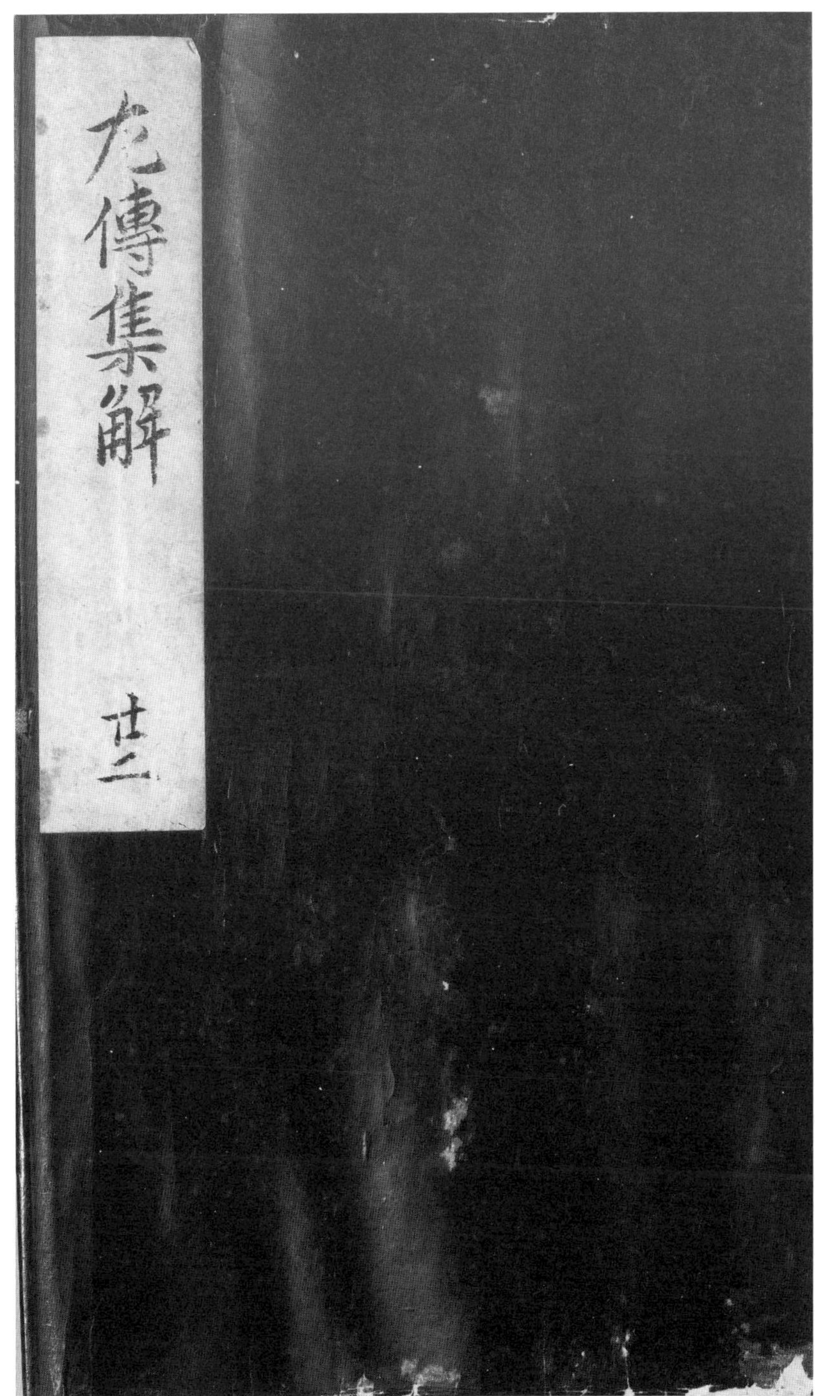
左傳集解
廿二

金澤文庫

正二十八

春秋經傳集解昭三第二十二　杜氏盡十二年

經八年春陳侯之弟招殺陳世子偃

師以首惡從殺例故稱弟又稱世子夏四月辛丑

陳侯溺卒襄二十七年大夫盟于宋叔弓如晉

楚人執陳行人干徵師殺之稱行人明

楚人執陳行人干徵師殺之稱行人明非行人罪

陳公子留出奔鄭留爲招所立未成君而出奔

秋蒐于紅革車千乘不言大者經文闕也紅魯地也沛國蕭縣西有紅亭遠疑

陳人殺其大夫公子過與招共殺偃師書名罪之

大雩無傳不旱而秋雩書過也

冬十月壬午楚師滅陳不稱將帥不以

也冬十月壬午楚師滅陳師不以

吉壬午月執陳公子招放之于越

十八日

無傳偁稱公殺陳公奐無傳招之

子兄巳卒黨楚殺之

葬陳哀公嬖人袁克葬之

魯往會故書

傳

八年春石言于晉魏榆魏榆晉侯

晉地地名服云魏邑也榆州里名

問於師曠曰石何故言對曰石不

謂有精神馮

問於師曠曰石何故言對曰石不能言神或馮焉謂有精神馮依石而言不然民聽濫也濫失抑臣又聞之抑疑辭曰作事不時怨讟動于民則有非言之物而言今宮室崇侈民力彫盡彫傷也怨讟並作莫保其性性命也民不敢自保

不敢自保其性命石言不亦宜乎於是晉侯方築虒祁之宮虒祁地名在絳西四十里臨汾水叔向曰子野之言君子哉子野師曠字君子之言信而有徵故怨咎遠於其身怨咎遠其身也小人之言僭而無

於其身　其身也　小人之言僭而無　子念反注同不信也

徵故怨咎及之詩曰哀哉不能言

匪舌是出唯躬是瘁　惟本作　詩小雅也不

如字又尺遂反　在醉反　能言謂不知

言理以僭言見退者其言非不從

舌出以僭而無信自取瘁病故哀

之

哿矣能言巧言如流俾躬處休

古可反毛詩傳云可也　以耳反本又作卑　許虯反美也

哿嘉也巧言如流謂

其是之謂乎　非正言而順敘以聽

正以其言可嘉善信而有徵故自取安遠

言見咎者言其可嘉以信而有徵

有徵故自取安遞

非正言而順叙以聽言見咎者言其可嘉以信而有徵自取安遞師曠此言緣問流轉終歸于諫故以比言如流也當叔向時詩義如此故與今說詩者小異

是宮也成諸侯必叛君必有咎夫子知之矣

謂十年晉侯彪卒傳

陳哀公元妃鄭姬生悼大子偃師

元妃嫡夫人也

嫡本又作適丁歷反

二妃生公子留下妃生公子勝

妃鄭姬生悼大子偃師夫人也二妃生公子留下妃生公子勝二妃嬖留有寵屬諸司徒招與公子過招及過皆哀公弟也哀公有廢疾三月甲申公子招公子過殺悼大子偃師而立公子留夏四月辛亥哀公縊自縊殺

經書辛丑

公子留夏四月辛亥哀公縊自縊殺經書辛丑從赴也從干徵師赴于楚干徵師陳大夫且告有立君公子勝愬之于楚以招過殺偃師告愬也楚人執而殺之殺干徵師公子留奔鄭書曰陳侯之弟招殺陳世子偃師罪在招也楚人執陳

陳世之使所罪於楚也变大事陳

行人干徵師殺之罪不在行人也

穀為招赴楚當

罪故重發之叔弓如晉賀虒祁

也賀宮成游吉相鄭伯以如晉亦賀

虒祁也史趙見子大叔曰甚哉其

相蒙也可弔也而又賀之子

若何弔之本或作若何弔也

大叔曰若何弔也其非唯我賀將
天下實賀言諸侯畏晉非獨鄭秋大蒐于紅
自根牟至于商衛革車千乘大蒐數車
實簡車馬也根牟魯東界琅邪陽
都縣有牟鄉商宋地魯西竟接宋
衛也言千乘明大蒐
且見魯衆之大數也七月甲戌齊
子旗棄施

且見（賢遍反）曾衆之大數也

子尾卒子旗欲治其室 子旗欒施也欲并治

子尾之家政 丁丑殺梁嬰 梁嬰子尾家宰 八月

庚戌逐子成子工子車 三子齊大夫子尾之

屬子成頃（音傾下文竝同）公子固也子工子成 皆

之弟鑄（之樹反）也子車頃公之孫捷（在接反）也

來奔 不書非卿 而立子良氏之宰 子良子尾

之子高彊也子

來奔非卿而立子良氏之宰子尾之子高彊也子旗為子良立宰其臣曰孺子長矣而樹及本亦反樹孺子謂子良而相吾室欲兼我也兼并也授甲將攻之陳栢子善於子尾亦授甲將助之或告子旗子旗不信則數人色主反下同告將往又數人告於道遂

則數人告將往又數人告於道遂如陳氏桓子將出矣聞之而還（聞子旗至）游服而逆之（去戎備著常游戲之服）請命（問桓子所至）對曰聞彊氏授甲將攻子子聞諸曰弗聞曰子盍亦授甲無宇請從（無宇桓子名）子旗曰子胡然彼

[illegible]

孺子也吾誨之猶懼其不濟吾又

寵秩之 謂為之立宰 其若先人何子盍

謂之 謂之使無攻我 周書曰惠不惠茂不

茂 周書康誥也言當施惠於不惠者勸勉於不勉者茂勉也 康

叔所以服弘大也 服行也 桓子稽顙

[illegible]頃公靈公[illegible]

甚死以服於大也　杞子棄

曰頃靈福子頃公靈公欒氏所事之君吾猶有

望望子旗惠及己遂和之如初和欒高二家陳

公子招歸罪於公子過而殺之言招

所以不死而得放九月楚公子棄疾帥師

奉孫吳圍陳孫吳悼大子偃師之子惠公宋戴

孫吳圍陳師之子惠公之孫宋戴都代反

惡會之戴惡宋大夫冬十一月壬午滅

陳壬午十月十八日傳言十一月誤輿嬖袁克殺

馬毀玉以葬輿衆也袁克嬖人之貴者欲以非禮厚葬

哀公楚人將殺之請寘之之豉反寘置馬玉既又

請私私自息也私盡羣臣私於幄於角反加絰直結反於顙而

幄帳也逃

言私臣息也私於幄加絰於顙而逃幄帳也逃不欲為楚臣使穿封戌為陳公戌楚大夫滅陳為縣使戌為縣公曰城麇之役不諂勑檢反成麇役在襄二十六年戌與靈王爭皇頡也侍飲酒於王王曰城麇之役女知寡人之及此女其辟寡人乎及此謂為王對曰

及此女其辟寡人乎為王對曰若知君之及此臣必致死禮以息楚國息寧靜也晉侯問於史趙曰陳其遂亡乎對曰未也公曰何故對曰陳顓頊之族也陳祖舜舜出顓頊歲在鶉火是以卒滅陳將如之顓頊氏以歲在鶉火而滅火盛

火是以卒滅陳將如之歲在鶉火
而衰火盛而水衰今在析木之津猶將復
由箕斗之間有天漢故謂之析木之津由用也且陳氏
得政于齊而後陳卒亡物莫能兩盛自
幕至于瞽瞍無違命幕舜之先瞽瞍舜父從幕
至瞽瞍間无違天命廢絕者舜重之以明德寘
德於遂遂舜後蓋殷之興存舜之

天命癈絶者　舜重之以明德寘
德於遂　遂舜後蓋殷之興存舜之後而封遂言舜德乃至於
遂　遂世守之及胡公不淫故周賜
之姓使祀虞帝　胡公滿遂之後也事周武王賜姓曰
媯封諸陳紹舜後　臣聞盛德必百世祀虞
之世數未也繼守將在齊其兆既
言陳氏興盛於

之世數未也繼守將在齊其兆既

存矣　言陳氏興盛於齊形兆已見（賢遍反）

經九年春叔弓會楚子于陳　以事往非行會

（礼）許遷于夷　許畏鄭欲遷故以自遷爲文

夏四月陳災　天火曰災陳既已滅降爲楚縣而書陳災者猶晉之

（害）梁山沙鹿崩不書晉災害繫於所災所害故以所在爲名

秋仲孫貜如齊

於所哭所害故以所在爲名秋仲

孫貜如齊冬築郎囿

俱縛反徐又俱碧反

音又苑也於郎地築苑蔫音千目反

傳九年春叔弓宋華亥鄭游吉衛趙

黶會楚子于陳

楚子在陳四大夫往非盟主所召不

行會礼故不惣書

二月庚申楚公子弃疾

遷許于夷實城父

此時改城父爲夷故傳實之城

父縣屬

遷許于夷實城父夷故傳實之城父縣屬譙郡取州來淮北之田以益之益許田伍舉授許男田然丹遷城父人於陳以夷濮西田益之以夷田在濮水西者與城父人遷方城外人於許成十五年許遷於葉因謂之許今許遷於夷故以方城外人實其處傳言靈王使民

方城外人實其處傳言靈王使民
不安
周甘人與晉閻嘉爭閻田甘人甘大
夫襄也閻嘉晉閻縣大夫晉梁丙張趯率陰戎
伐潁陰戎陸渾之戎潁周邑王使詹桓伯辭
於晉辭責讓之桓伯周大夫曰我自夏以后
稷魏駘芮岐畢吾西土也在夏世以后稷
功受此五國為西土之長駘在始

功受此五國為西土之長駘在始平武功縣所治斄城岐在扶風美陽縣西北

及武王克商蒲姑商奄吾東土也樂安博昌縣北有蒲姑城也

濮楚鄧吾南土也

肅慎燕亳吾北土也肅慎北夷在玄菟北三千餘里

吾何邇封之有邇近也

文

餘里之吾何邇封之有也文
武成康之建母弟以蕃屏周亦其（方元反　必并反）
廢隊是為豈如（直類反注同　于偽反注同）為後世廢隊兄弟之國當救濟之
弁髦而因以敝之（皮彦反本又作卞）童子垂髦始冠必三加冠成禮
而弃其始冠故言弁髦因以敝之弁亦冠也
先王居檮杌（徒刀反　五忽反）
言檮杌略舉四凶之一下言四裔
于四裔以禦螭魅（以制反　魚呂反　勅知反）
（魅本又作魑　武冀反）
則三苗

于四裔以禦螭魅為之一下言裔則三苗在其中故允姓之姦居于瓜州允姓陰戎之祖與三苗俱放三危者瓜州今敦煌伯父惠公歸自秦而誘以來傳十五年晉惠公自秦歸二十二年秦晉遷陸渾之吃戎於伊川使偪我諸姬入我郊甸則戎焉取之邑外為郊郊外為甸言戎

取周郊……各在

我郊甸則戎焉取之外為甸言戎
取周郊甸之地戎有中國誰之咎也咎在晉
后稷封殖天下今戎制之不亦難
乎后稷修封疆殖五穀今戎得之唯以畜牧伯父圖之
我在伯父猶衣服之有冠冕木水
之有本原民人之有謀主也民人謀主
宗族之

之有本原民人之有謀主也謀主宗族之師長伯父若裂冠毀冕拔本塞原專弃謀主雖戎狄其何有余一人伯父猶然則雖戎狄無所可責晉率陰戎伐周也故云然也叔向謂宣子曰文之伯也豈能改物言文公雖霸未能改正朔易服色翼戴天子而加

改正朔易服色

加之以共翼佐也自文以來世有衰

德而暴蔑宗周宗周天子以宣示其侈

諸侯之貳不亦宜乎且王辭直子

其圖之宣子説王有姻喪外親之喪使

趙成如周弔且致閻田與襚襚送死衣襚贈死衣服

趙成如周且致閻田與襚（襚送死衣服）死衣
反潁俘王亦使賓滑執甘大夫襄
以說於晉晉人禮而歸之（賓滑周大夫）
夏四月陳災鄭裨竈曰五年陳將
復封封五十二年而遂亡子產問
其故對曰陳水屬也（陳顓頊之後故爲水屬）

其故曰陳水屬也故為水屬
火水妃也火畏水故為之妃而楚所相也
相治也楚之先祝融為高辛氏火正主治火事今火出而
火陳火心星也火出於周為五月而以四月出者以長歷推前
年誤置閏逐楚而建陳也水得妃而興陳興則楚衰
陳興則楚衰故曰逐楚而建陳妃以五成故曰五
妃合也五行各相妃合得五行

曰逐楚而建陳也火五月故曰五
妃合也五行各相妃合得五行
年各相妃合得五而成故五歲而
陳復封爲十三年歲五及鶉火而
陳侯吳歸于陳傳
後陳卒亡楚克有之天之道也故
曰五十二年
是歲也在星紀五歲
及大梁而陳復封自
大梁四歲而及鶉火後四周四十
八歲凡五及鶉火五十二年天數
以五爲紀故五及

八歳凡五及鶉火五十二年天數以五爲紀故五及鶉火火盛水衰

晉荀盈如齊逆女自爲逆還六月卒于戲陽魏郡内黄縣北有戲陽城殯于絳未葬晉侯飲酒樂膳宰屠蒯趨入請佐公使尊公之使人執尊酌酒請爲之沽許之公許之而遂酌以飲工工樂師

為[illegible]之沽言[illegible]之[illegible]飲[illegible]於鴆反下文同

工樂師〻曠也曰女為君耳將司聰也樂所

以聰耳也辰在子卯謂之疾日疾惡也紂以甲

子喪息浪反桀以乙卯亡故

國君以為忌日君徹宴樂學

人舍業為于偽反下為是同疾故也君之卿佐是謂

股肱〻〻或虧何痛如之言痛疾過於忌

日女弗聞而樂是不聰也不聞是

股肱〻〻或虧何痛如之　過於忌日

女弗聞而樂是不聰也　不聞是義而作樂也

又飲外嬖〻叔曰女　外都大夫之嬖者

為君目將司明也　職在外故主視也

服以旌禮　旌表也

禮以行事　事政令也

事有其物　物類也

物有其容　容貌也

今君之容非

也
其物也有鄉佐之喪而作樂歡會故曰非其物而女
不見是不明也亦自飲也曰味以
行氣〻以實志氣和則志充志以定言
在心為志發口為言言以出令臣實司味二
御共官而君弗命臣之罪也工與嬖叔
侍御君者共

御共官而君并命臣之罪也嬖叔
侍御君者共公說徹酒初公欲廢
官不聰明
知（方智反下同）氏而立其外嬖爲是悛（七全反）而止秋
八月使荀躒（本又作櫟力狄反徐力洛）佐下軍以說焉躒荀
盈之
子知文子也佗下軍
代父也說自解說孟僖子如齊殷
聘禮也自叔老聘齊至今二十年
禮意久曠今脩盛聘以無
忘舊好（呼報反）

……礼意久曠今脩盛聘以無

忌舊好呼報反冬築郎囿書時也季平子

故曰礼

欲其速成也叔孫昭子曰詩曰經

始勿亟庶民子來詩大雅言文王

急疾之衆民自以子紀力反始經營靈臺非

義來勸樂爲之也如字又五教反一音洛焉於虔反用速成其

以勸民也初交反又子小反也勸芳無囿猶可無民其

也（初交反又子小反）

可乎

經十年春王正月夏齊欒施來奔（市志反傳同）滑者

好内以取敬（呼報反）臣故書名　秋七月季孫意如叔

弓仲孫貜帥師伐莒　三大夫皆卿故書之季孫

為主二子從之戊子晉侯彪卒五同盟　○九月叔孫婼如晉葬晉平

三月而

九月叔孫婼如晉葬晉平

子從之　戊子晉侯彪卒　五同盟

在襄

公　三月而葬速　冬十有二月甲子宋公

冬字可讀入

成卒　十一同盟也　無冬大闕文

傳十年春王正月有星出于婺女　客星也不書非孛

鄭裨竈言於子產曰七月

戊子晉君將死今茲歲在顓頊之

虛　歲〻星也顓頊

子晉君將死今茲歲在顓頊之

虛 起魚反注同

歳〻星也顓頊之虛謂玄枵 許驕反

姜氏任氏實守其地

姜齊姓任薛姓齊薛二國守玄枵之地

居其維首而有妖星焉告邑姜也

客星居玄枵之維首邑姜齊大公女晉唐叔之母星占婺女為既嫁之女織女為處女邑姜齊之既嫁女妖星在婺女齊得歲故知禍歸邑姜也

邑

女齊得歲故知禍歸邑姜也邑
姜晉之妣也天以七紀二十八宿面七戊
子逢公以登星斯於是乎出逢公殷諸
侯居齊地者逢公將死妖星出婺
女時非歲星所在故齊自當禍而
以戊子日卒吾是以譏之為晉侯彪卒傳齊惠
欒高氏皆耆酒欒高二族皆出惠公信內多
怨説婦人言彊於陳鮑氏而惡之

欒高氏皆耆酒皆出惠公信内多

怨信婦人言故多怨彊於陳鮑氏而惡之烏路反注同

惡陳鮑夏有告陳桓子曰子旗子良

將攻陳鮑亦告鮑氏桓子授甲而如

鮑氏遭子良醉而騁勑領反欲及子良醉故騁告鮑文

子文子鮑國遂見文子則亦授甲矣使

視二子則皆將飲酒

一本元伐字

遂見文子鮑國則亦授甲矣使

視二子二子子旗子良則皆將飲酒桓子

曰彼雖不信彼傳言者聞我授甲則必

逐我及其飲酒也先伐諸陳鮑方

睦遂伐欒高氏子良曰先得公陳

鮑焉往欲以公自輔助遂伐虎門欲入公不聽故

鮑焉往自輔助遂伐虎門不聽故

伐公

晏平仲端委立于虎門之外端委朝服

四族召之無所往四族欒高陳鮑

其徒曰助陳鮑乎曰何善焉言無善義可助

助欒高乎曰庸愈乎罪惡不差於陳鮑然初責反

則歸乎曰君伐焉歸公召之而後

則歸乎曰君伐焉歸公召之而後

入公卜使王黑以靈姑銔（扶眉反又方本反）率（所律反徐所類反）吉請

王黑齊大夫靈姑銔公旗名斷（丁管反下同）

斷（丁管反注同）三尺焉而用之

三尺不敢與君同

五月庚辰戰于稷（稷祀后稷之處）（杜云礼后稷之處也一云卜地名六國時齊有稷下館）

欒（昌慮反）高敗又敗諸莊（莊六軌之道）國人

追之又敗諸鹿門（鹿門齊城門）欒施高

追之又敗諸鹿門城門欒施高彊來奔高彊不書非卿陳鮑分其室晏子謂桓子必致諸公讓德之主也讓之謂懿德凡有血氣皆有爭心故利不可強不可強取也思義為愈義利之本也蘊利生孽蘊畜也孽妖害也姑使

之本也蘊（紆粉反）利生孽（魚列反）〔妖害也〕姑使
無蘊乎可以滋長（丁丈反）桓子盡致諸公
而請老于莒〔莒齊邑〕桓子召子山〔子山
子商子周襄三十一年子尾所逐羣公子〕私具幄（於角反）幕（方莫）器
用從（才用反）者之衣屨（九具反）〔私具不告公〕而反棘焉〔棘
子曰故邑齊國西
安縣東有戟里亭〕子商亦如之

安縣東有戟里亭子商亦如之

而反其邑子周亦如之而與之夫

于〔子周本無邑故更與之濟南於陵縣西北有于亭〕反子

城子公子公孫捷〔三子八年子旗所逐〕而皆益

其祿凡公子公孫之無祿者私分

之邑〔栢子以己邑分之〕國之貧約孤寡者

之邑分之國之貧約孤寡者
私與之粟曰詩云陳錫載周能施也詩大雅言文王能布陳大利以賜天下行之周徧桓公
是以霸齊桓公亦能施以致霸公與桓子莒
之旁邑辭讓不受穆孟姬為之請高
唐陳氏始大穆孟姬景公母傳言陳氏所以興秋
郠莒邑取郠

周[illegible]之言陳氏所以興

七月平子伐莒取郠郠莒邑取郠不書公見討於平丘魯諱之獻俘始用人於亳社以人祭殷社臧武仲在齊聞之曰周公其不饗魯祭乎周公饗義魯無義詩曰德音孔昭視民不佻詩小雅佻偷也言明德君子必愛[illegible]

德音孔昭視民不佻偷也言明德君子必愛民之佻之謂甚矣而壹用之將誰福哉壹同也同人於畜牲戊子晉平公卒如禆竈之言鄭伯如晉及河晉人辭之游吉遂如晉礼諸侯不相弔故辭九月叔孫婼齊國弱宋華定衛北宮喜鄭罕虎許人曹人莒人邾人薛人

婼齊國弱宋華定衛北宮喜鄭罕

虎許人曹人莒人邾人滕人薛人

杞人小邾人如晉葬平公也經不書諸

侯大夫者非盟會鄭子皮將以幣行見新君之賢遍反下不得見下文同

贄音至子產曰喪焉於虔反用幣ゝゝ必百兩

載幣用車百乘繩證反百兩必千人千人至將不

行用……不得見新

車百乘縄證反

本說
或說
行　行用不行必盡用之不得見新

用也　君將自費芳味反下同

盡居豈反　幾千人而國不亡　言千人之費不可數所角反

子皮固請以行既葬諸侯之大夫欲

因見新君叔孫昭子曰非禮也弗

聽叔向辭之曰大夫之事畢矣送葬

礼　七雷反本亦作縗

……大夫之事畢矣葬

礼畢而又命孤〻新斬焉在衰（士雷反本又作縗）絰（直結反）之

中既葬未卒哭故猶服斬衰其以嘉服見（如字又賢遍反下同）則喪

礼未畢其以喪服見是重（直用反）受弔也

大夫將若之何皆無辭以見（賢遍反下同）子皮

盡用其幣歸謂子羽曰非知之實

……言不患不知……

盡用其幣歸謂子羽曰非知之實

難將在行之言不患不知患不能行夫子知

之矣我則不足言已由子産之戒既知其不可而遂

行之是我之不足書曰欲敗度縱敗禮逸書

我之謂矣夫子知度與禮矣我實

縱欲而不能自克也欲因喪以慶新君故縱而

行之不

縱欲而不能自克也新君故縱而行之不能自勝昭子至自晉大夫皆見高彊見而退高彊子良昭子語諸大夫曰為人子不可不慎也哉昔慶封亡子尾多受邑而稍致諸君〻以為忠而甚寵之將死疾于公宮在公宮被

出石丘宮之犬夾于公宮　宮被

疾輦而歸吾親推之推其車而送之其子

不能任是以在此忠為令德其子

弗能任罪猶及之難不慎也喪夫

人之力棄德曠宗以及其身不亦

害乎夫人謂子尾曠空也詩曰不自我先不

詩小雅言禍

号也尾曠空也詩曰不自我先不
自我後其是之謂乎詩小雅言禍乱不在他正
當已身以喻高彊身自取此禍冬十二月宋平公
卒初宋元公惡寺人柳欲殺之元公
平公大子佐也及喪柳熾炭于位以溫
地將至則去之使公坐其處比及葬又有寵
言元公好

三[illegible]占之其處亡人葬又不當

言元公好

惡元常

經

十有一年春王二月叔弓如宋葬

宋平公夏四月丁巳楚子虔誘蔡

侯般殺之于申　蔡侯雖弑父而立

楚子誘而殺之刑

其羣士蔡大夫深

怨故以楚子名告　楚公子弃疾帥

又昭

怨故以楚子名告

師圍蔡五月甲申夫人歸氏薨公

毋胡女歸姓大蒐于比蒲仲孫貜會邾

子盟于祲祥秋季孫意如會　祲祥地闕

晉韓起齊國弱宋華亥衛北宮佗

鄭罕虎曹人杞人于厥憖　厥憖地闕九

鄭罕虎曹人杞人于厥憖 地闕 九月己亥葬我小君齊歸 齊諡 冬十有一月丁酉楚師滅蔡執蔡世子有以歸用之 用之殺以祭山

傳十一年春王二月叔弓如宋葬平公也 嬪以聘事行故傳具之 景王問於萇弘

公也　敬傳具之

景王問於萇弘直良反曰今茲諸侯何實吉何實凶萇弘周大夫對曰蔡凶此蔡侯般弒其君之歲也歲在豕韋襄三十年蔡世子般弒其君歲在豕韋至今十三歲ゝ復扶又反下歲ゝ在同在豕韋般即靈侯也弗過此矣言蔡為不過此年楚將有之然壅於勇反注及後放此也蔡近附ゝ之ゝ下同楚故知楚將有之楚無德而享

此年[illegible]故知楚
將有之楚無德而享歲及大梁蔡
大利所以襲積其惡
復楚凶天之道也
楚靈王弑立之歲〃在大梁到
昭十三年歲復在大梁
美惡周必復故知楚凶
楚子在申
召蔡靈侯〃〃將往蔡大夫曰王
貪而無信唯蔡於感蔡道楚之大
國故楚常恨
其不[illegible]

貪而無信唯蔡於感　國故楚常恨
其不服順　今幣重而言甘誘我也不如
無往蔡侯不可三月丙申楚子伏
甲而饗蔡侯於申醉而執之夏四
月丁巳殺之刑其士七十人公子
弃疾帥師圍蔡　傳言楚子無道　韓宣子問

弃疾帥師圍蔡子元道韓宣子問
於叔向曰楚其克乎對曰克哉蔡
侯獲罪於其君謂弒父而立而不能其
民不能施德天將假手於楚以斃之婢世反借楚
手以討蔡何故不克然肸聞之不信以
寧不可再也楚王奉孫吳以討於
陳曰將定而國陳人聽命而遂縣

幸不可再也楚王奉孫吳以討於
陳曰將定而國陳人聽命而遂縣
之（事在八年）今又誘蔡而殺其君以圍
其國雖幸而克必受其咎弗能久
矣桀克有緡（武巾反）以喪（息浪反下且ー君同）其國紂克東夷
而隕（于敏反）其身（紂為黎之蒐東夷叛之桀為仍之會有緡叛之）
[illegible]而

[illegible]門之[illegible]桀為仍之會有緍叛之
故伐而克之楚小位下而亟暴於二王
能無咎乎天之假助不善非祚之
也厚其凶惡而降之罰也且譬之
如天其有五材而將用之其力盡
斃
而敝之是以無拯不可沒振金木水火
土五者為物用久則必有敝盡之

夢

而尚之是以無極不可沒振水火土五者為物用久則必有敝盡々則弃捐故言無極々猶救助也不可沒振猶沒而不可復振五月齊歸薨大蒐于比蒲非禮也孟僖子會邾莊公盟于祲祥脩好禮也蒐非存亡之由故臨喪不宜為之盟會以安社稷故喪盟謂之禮也泉丘人有女夢

故喪盟謂之祝也　泉丘人有女

以其帷幕孟氏之廟　泉丘魯邑也　遂奔

僖子其僚從之　力彫反　鄰女為僚友者隨而奔僖子　盟

于清丘之社曰有子無相棄也　二女自共盟

僖子使助薳氏之簉　七對反　簉副倅也薳氏之女為僖子副妾別居在外故僖子納泉丘人女令　力呈反　副助　反自

故僖子納泉丘人女令（力呈反）副助反自

祲祥宿于薳氏生懿（如字或一音丙敬反）子及南宮敬

叔於泉丘人其僚無子使（ヤシナハ）字敬叔

字養也
似（ニタリ）雙生

楚師在蔡

向（セキフ）四月（本文作嚮亦作向同許亮反）
之師（ツ）

晉荀吳

謂（イ）韓宣子曰不能救陳又不能（ハ）救

蔡物（コトく）以無親也

物（スヘキ）事

晉之不能亦（ヒラニ）可（カラノ）

知（又）也已（ヌア）為盟主而不能（オ元）恤（ラ）亡國將

蔡故并親也　晉之不能亦可
知也已為盟主而不恤亡國將
焉於虔反用之秋會于厥慭謀救蔡也不書
救蔡不果救
鄭子皮將行子產曰行不
遠不能救蔡也蔡小而不順楚大
而不德天將弃蔡以壅楚盈而罰

而不德天將棄蔡以壅楚盈而罰
之盈楚惡蔡必亡矣且喪君而能守
者鮮矣三年王其有咎乎美惡周
必復王惡周矣元年楚子弒君而立歲在大梁後三
年十三歲〻星周復於大梁晉人使狐父請蔡
于楚弗許狐父晉大夫單子會韓宣子

于楚韓言大夫單子會韓宣子

于戚成公單子單視下而言徐叔向曰

單子其將死乎朝有著定著定朝內列位

常處謂之會有表昌慮反張慮反徐治居反注及下同野會設表

表著之以為位衣有

襘古外反說文云帶所結也帶有結襘領會結帶結也會朝之言必

聞于表著之位所以昭事序也視

言不過步正言声所聞不過一步也

間于表著之位所以昭事序也秭
不過結襘之中所以道容貌也言
以命之容貌以明之失則有闕今
單子為王官伯而命事於會視不
登帶言不過步貌不道容而言不
昭矣不道不共不昭不従貌正曰恭言正曰順
曰[illegible]為此年冬單

昭矣不道不共不昭不從〔恭言順曰從〕無守氣矣〔為此年冬單子卒起本〕九月葬齊歸公不慼晉士之送葬者歸以語史趙史趙曰必為魯郊〔言昭公必出在郊野不能有國〕侍者曰何故曰歸姓也不思親祖不歸也〔姓主也言不思親則不為祖考所歸祐〕

思親祖不歸也不爲祖考所歸祐之

叔向曰魯公室其卑乎君有大喪

國不廢蒐謂蒐比蒲有三年之喪而無

一日之慼國不恤喪不忌君也忌畏

也君無慼容不顧親也國不忌君

〻不顧親能無卑乎殆其失國爲

十五年公

[illegible]不顧親能無卑乎殆其失國二十五年公孫於齊

傳冬十一月楚子滅蔡用隱太子于岡山蔡靈公之太子蔡侯廬之父

申無宇曰不祥五牲不相為用況用諸侯乎五牲牛羊豕犬雞王必悔之悔為暴虐

十二月單成公卒終叔向之言

楚[illegible]襄城縣東南有不

暴虐十二月單成公卒之言楚
子城陳蔡不羹襄城縣東南有不羹城定陵西北有不羹亭舊音郎漢書地理志作更字
使弃疾為蔡公王問於申無
宇曰弃疾在蔡何如對曰擇子莫
如父擇臣莫如君鄭莊公城櫟而
寘子元焉使昭公不立子元鄭公子莊公寘
子元於櫟栢十五年厲公因之以

寘子元焉使昭公不立之豉反下同子莊公寘
子元於櫟桓十五年厲公因之以殺櫟大夫檀伯遂居櫟卒使昭公
不安位而見殺齊桓公城穀而寘管仲焉
至于今賴之城穀在莊三十二年臣聞五大
不在邊五細不在庭上古金木水火土謂之五
官玄鳥氏丹鳥氏亦有五又以五
鳩〻民五雉為五工正蓋立官之
本也來此隨事施職是以官无常

鳩之民五雉爲五工正蓋立官之
本也末世隨事施職是以官無常
數令無定稱習古言故云五大也
言五官之長專盛過節則不可居
邊細弱不勝任亦不可居朝庭
親不在外羇不在内今弃疾在鄭
丹在内　襄十九年　君其少戒王曰
國有大臣何如對曰鄭京櫟實殺
曼伯檀伯也厲公因櫟以殺子元

國有大城何如對曰鄭京櫟實殺
曼伯曼伯檀伯也厲公得櫟又并京宋蕭亳實殺
子游在莊十二年齊渠丘實殺無知在莊
九年渠丘今齊國西安縣也齊大夫雍廩邑衛蒲戚實
出獻公蒲甯殖邑戚孫林父邑出獻公在襄十四年若
由是觀之則害於國末大必折其
本……為十三年

由是觀之則害於國末大必折其
本（為十三年陳蔡作乱）
尾大不掉（徒弔反）君所知也
傳

經十有二年春齊高偃帥師納北燕
伯于陽（三年燕伯出奔齊高偃高傒玄孫齊大夫陽即唐燕別邑中山有唐縣不言于燕未得國都也）三月壬申鄭

于燕未得國都也　三月壬申鄭

伯嘉卒五同盟　夏宋公使華定來聘

定華椒孫　公如晉至河乃復晉人以莒故辭公

五月葬鄭簡公三月而葬速　楚殺其大

夫成熊傳在葬簡公上經從赴　秋七月　冬十

月公子憖魚覲反一讀整正領反出奔齊書名謀亂故也　楚子伐

今不書圍以……不書將帥

所公之熱出奔齊　乱故也　冬之仕

徐　不書圍以乾谿師告　晉伐鮮虞　不書將帥史闕文

傳十二年春齊高偃納北燕伯款于

唐因其衆　言因唐衆欲納之故得先入唐　三月鄭

簡公卒將為葬除　除喪道　及游氏之

廟　游氏子大叔族　將毀焉子大叔使其除

用毀

廟大叔族將毀焉子大叔使其除
徒執用以立而無庸毀用毀廟具曰子
產過女而問何故不毀乃曰不忍
廟也諾將毀矣敎毀廟者之辭既如是
子產乃使辟之司墓之室有當道
者簡公別營葬地不在鄭先公舊墓故道有臨時迂直也司墓之
室鄭

之墓故道有臨時迂直也司墓之

室鄭毀之則朝而塴塴下棺弗毀則

之掌公墓大夫徒屬之家也此鄭反徐甫贈反礼家作窆徐驗反義同

日中而塴子大叔請毀之曰無若

諸侯之賓何不欲久留賓子產曰諸侯

之賓能來會吾喪豈憚日中無損待且久

於賓而民不害何故不為遂弗毀

於賓而民不害何故不為遂弗毀
日中而葬君子謂子産於是乎知
禮〻無毀人以自成也夏宋華定
來聘通嗣君也宋元公新即位享之為賦
蓼蕭弗知又不荅賦蓼蕭詩小雅義取燕笑語
兮是以有譽處兮樂与華定燕語
也又曰既見君子為龍為光欲以
寵光賓也又曰宜兄宜弟令德壽

也又曰既見君子為龍為光欲以
寵光賓也又曰宜兄宜弟令德壽
凱言賓有令德可以壽樂也又曰
和鸞雍々萬福攸同言欲与賓同福祿也昭子曰必亡
宴語之不懷懷思也寵光之不宣宣揚
也令德之不知同福之不受將何
以在為二十年華定出奔傳齊侯衛侯鄭伯如
晉朝嗣君也晉昭公公如晉亦欲

[illegible]定出奔傳[illegible]

晉朝嗣君也晉昭公新立亦欲朝嗣君至河乃復取郠之役在十年莒人愬于晉晉有平公之喪未之治也故辭公公子慭遂如晉慭魯大夫如晉不書還不復命而奔故史不書於策晉侯享諸侯子産

相鄭伯辭於享請免喪而後聽命

故史不書於策　晉侯享諸侯子産

相息亮反下同鄭伯辭於享請免喪而後聽命

簡公未葬　晉人許之礼也　善晉不奪孝子之情　晉

侯以齊侯宴中行穆子相　穆子荀吴　投

壺晉侯先穆子曰有酒如淮舊如字四瀆水也有肉

如坻直疑反徐直夷反詩云宛在水中坻小水中高地也　淮水名坻山名　寡君中丁仲反下及注同此為諸侯師

如坻坻山名[illegible]

中之齊侯舉矢曰有酒如澠有肉 直疑反徐直吏反詩云宛在水中坻ノ水中高地也

如陵 澠水出齊國臨淄縣北入時水陵大阜也 寡人中

此與君代興 代更也 亦中之伯瑕謂

穆子 伯瑕士文伯 曰子失辞吾固師諸

侯矣壺何為焉其以中儁也 言投壺中

不足為[illegible]

齊君弱吾君輕吾君以爲弱也

侯矣壺何爲焉其以中儁也壺中不足爲儁異齊君弱吾君歸弗來矣欲与晉君代興是弱之穆子曰吾軍帥彊禦卒乘競勸今猶古也齊將何事言晉德不衰於古齊不事晉將無所事公孫傁趨進曰日旰君勤可以出矣以齊侯出傁齊大夫

傳言晉

日旰古旦反君勤可以出矣以齊侯出……大夫

傳言晉之衰

楚子謂成虎若敖之餘也遂殺之成虎令尹子玉之孫與鬬氏同出於若敖宣四年鬬椒作乱今楚子信譖而討若敖之餘或譖成虎於楚子成虎知之而不能行書曰楚殺其大夫成虎懷寵也解經所以書名六

都其大夫所用惰者也以書名六
月葬鄭簡公傳終子產韓亨明既
葬則為免喪經書五
月
誤
晉荀吴偽會齊師者假道於鮮
虞遂入昔陽鮮虞白狄別種在中
山新市縣昔陽肥國
都樂平沾縣
東有昔陽城秋八月壬午滅肥以
肥子緜皐歸肥白狄也緜皐其君
名鉅鹿下曲陽縣西
南有肥累城為

肥子皋歸皋（古刀反）名鉅鹿下曲陽縣西

南有肥累（劣彼反又力輒反）城為

下晉伐鮮虞起周原伯絞（古卯反）虐其輿

臣使曹逃原伯絞周大夫原公也輿衆也曹羣也冬

十月壬申朔原輿人逐絞而立公

子跪（求委反又去詭）尋跪尋絞弟絞奔郊郊周地甘

簡公無子立其弟過（古禾反下之同）甘簡公周卿士過將去（起呂反）成

無子立其弟過周卿士過將去成起呂反景之族成公景公皆過之先君成景之族賂劉獻公欲使殺過劉獻公亦周卿士劉定公子丙申殺甘悼公悼公即過而立成公之孫鰌鰌平公丁酉殺獻太子之傅庾皮之子過過劉獻公太子之傅殺瑕辛于市及宮

之過太子之傅殺瑕辛于市及宮
嬖綽王孫沒劉州鳩陰忌老陽子
六子周大夫及庾過皆甘悼公之黨傳言周衰原甘二族所以遂微
季平子立而不禮於南蒯蒯南遺子季氏費邑宰
南蒯謂子仲子仲公子慭吾出季
氏而歸其室於公室季氏家財子更其

而歸其室於公室家財子更其位更代也我以費爲公臣子仲許之南蒯語叔仲穆子且告之故穆子叔仲帶之子叔仲小也語以欲出季氏以不見礼故也季悼子之卒也叔孫昭子以再命爲卿悼子季武子之子平子父也傳言叔孫之見命乃在平子爲卿之前及

孫之見命乃在平子為卿之前人

平子伐莒克之更受三命 十年平子伐莒以功加三命昭子不伐莒亦以例加為三命 叔仲子欲構二家 欲構使相憎 謂平子曰三命踰父兄非礼也 言昭子受三命自踰其先人 平子曰然故使昭子 使昭子自貶黜 昭子曰叔

孫氏有家禍殺適立庶故婼也及此禍在四年若因禍以斃之則聞命矣言曰乱討已不敢肆若不廢君命則固有著矣著位次昭子朝而命吏曰婼將與季氏訟書辭無頗頗偏季孫懼而

季氏訟書辭無頗普何反也　季孫懼而
歸罪於叔仲子故叔仲小南蒯公
子憖謀季氏憖告公而遂從公如
晉憖子仲　南蒯懼不克以費叛如齊
子仲還及衛聞亂逃介而先介副使所吏反也
及郊聞費叛遂奔齊言及郊解經所以書出

不欲聞其叛逆季氏所以書出

南蒯之將叛也其鄉人或知之過之而歎鄉人而過蒯而歎且言曰恤恤乎湫乎攸乎恤恤憂患湫愁隘攸懸危之貌深思而淺謀邇身而遠志家臣而君圖家臣而圖人君之事故言思深而謀淺身近而志遠有人矣哉

言今有此人不指其

湫　子小反徐又在酒反一音秋

攸　如字徐音幕又

隘　於賣反

懸　玄本又作縣

思　息嗣反注同

深而謀淺身近而志遠

言今有此人微以感之南蒯枚筮之不指其事汎卜吉凶遇坤☷☷坤下坤上之比☵☷坤下坎上比坤六五爻變曰黃裳元吉坤六五爻辭以為大吉也示子服惠伯曰即欲有事何如惠伯曰吾嘗學此矣忠信之事則可不然必敗外彊內溫忠也坎

服惠伯曰吾嘗學此矣忠信之事則可不然必敗外彊內溫忠也坎險故彊坤順故溫彊而能溫所以為忠和以率貞信也水和而土安正和正信之本也故曰黃裳元吉黃中之色也裳下之飾也元善之長也中不忠不得其色言非黃下不共

不為

也中不忠不得其色黄下不共
不得其飾裳不為事不善不得其極
共中德外內倡和為忠不相逮也率事以
信為共率循行也供養三德為善三德謂正
直剛克柔克也非此三者弗當非忠信善不當此卦
且夫易不可以占險將何事也且

且夫易不可以占險將何事也且可飾乎夫易猶此易謂黃裳元吉之卦問其何事欲令從下飾之中美能黃上美為元下美則裳參成而可筮參美盡備吉可如筮猶有闕也筮雖吉未也有闕謂不參成將適費飲鄉人酒南蒯自其家還適費鄉人或歌之曰我
言南蒯在費欲為

有圃生之杞乎言南蒯在費欲為亂如杞生於園圃非宜也杞世所謂枸杞也從我者子乎子男子之通稱言從已可不共今之尊去我者鄙乎倍其鄰者恥乎鄰猶親也已乎已乎非吾黨之士乎已乎已乎言自遂不改平子欲使昭子

[illegible]自遂不改平子欲使昭子

逐叔仲小欲以自解説小聞之不敢朝

昭子命吏謂小待政於朝曰吾不

為怨府言不能為季氏逐小主怨禍之聚為明年叔弓圍費

傳楚子狩于州来狩冬獵也次于潁尾

潁水之尾在下蔡西使蕩侯潘子司馬督囂

[illegible]

王皮冠一本作蔡子皮冠

在下蔡西

尹午陵尹喜帥師圍徐以懼吳五子楚大夫徐吳与國故圍之以偪吳楚子次于乾谿在譙國城父縣南以為之援雨雪王皮冠秦復陶秦所遺羽衣也翠被以翠羽飾被豹舄執鞭以出以豹皮為履執鞭以敎令僕析父

楚大

子革鄭丹

為嚴 執鞭以出（必綿反或革旁作更者五孟反非也）敬令 僕析父（星歷反）

從（析父楚大夫 丁用反）右尹子革夕（子革鄭丹 夕莫見 音暮 賢遍反）

見之去冠（起呂反）被舍（音捨）鞭（敬大臣）與之語曰

昔我先王熊繹（楚始封君）與呂級（音急本亦作伋）（齊大公之

子丁公）王孫牟（衛康叔子康伯）燮父（素叶反 音甫下同）（晉唐叔之子）

禽父（周公子伯禽）並事康王（康王成王子）四

四國齊晉魯

禽父伯禽並事康王王子四

國皆有分我獨無有四國齊晉魯衛分珎寶之

器今吾使人於周求鼎以為分王

其與我乎對曰與君王哉昔我先

君熊繹在荊山在新城沶鄉縣南篳路

藍縷以處草莽跋涉山林以事天

藍縷以處草莽跋涉山林以事天子唯是桃弧棘矢以共禦王事（桃弧棘矢以禦不祥言楚在山林少所出有）齊王舅也（成王母齊太公女）晉及魯衛王母弟也楚是以無分而彼皆有今周與四國服事君王將唯命是從豈其愛鼎王

事君王將唯命是從豈其愛鼎王

曰昔我皇祖伯父昆吾舊許是宅

陸終氏生六子長曰昆吾少曰季連季連楚之祖故謂昆吾為伯父

昆吾嘗居許地故曰舊許是宅

今鄭人貪賴其田

而不我與我若求之其與我乎對

曰與君王哉周不愛鼎鄭敢愛田

曰與君王哉周不愛鼎鄭敢愛田
子王曰昔諸侯遠我而畏晉今我
大城陳蔡不羹賦皆千乘子與有
勞焉諸侯其畏我乎對曰畏君王
哉是四國者專足畏也四國陳蔡二不羹
又加之以楚敢不畏君王哉。路請

又加之以楚敢不畏君王哉工尹路請

曰君王命剝圭以為鏚柲鏚斧也柲柄也

破圭玉以飾斧柄敢請命請制度之命王入視

之析父謂子革曰吾子楚國之望

也今與王言如響國其若之何譏其

順王心如響應聲子革曰摩厲以須王出

響　許丈反本又作鄉

響應聲

…之何子革曰摩厲以須

吾刃將斬矣　以己喻鋒刃欲自摩厲以斬王之淫慝

王出復語左史倚相趨過　倚相楚史名

王曰是良史也子善視之是能讀

三墳五典八索九丘　皆古書名　對曰臣

嘗聞焉昔穆王欲肆其心　周穆王肆極也

周行天下將皆必有車轍馬跡焉

周行天下將皆必有車轍馬跡焉
祭公謀父作祈招之詩以止王心
謀父周卿士祈父周司馬世掌甲兵之職招其名祭公方自謀行故指司馬官而言此詩
王是以獲沒於祇宮
獲沒不見篡弒
臣問其詩而不知也若問

遠焉其焉能知之王曰子能乎對曰能其詩曰祈招之愔愔式昭德音愔愔安和貌式用也昭明也思我王度式如玉式如金金玉取其堅重形民之力而無醉飽之心言國之用民當隨其力任如金冶之器隨器而制形故言形民之力

力任
一說

用食之以從如金冶之器隨器而

制形故言形民之力
去其醉飽過盈之心
王揖而入饋

不食寢不寐數日
深感子
草之言
不能自

克以及於難
克勝
仲尼曰古也有

志克己復禮仁也信善哉楚靈王

若能如是豈其辱於乾谿音伐鮮

虞因肥之役
肥役在

若前如是豈[illegible]

虞因肥之役也　肥役在此年

金澤文庫

春秋卷第二十二

本十異五

弘長二年十二月廿六日以累家

秘説奉授越州前司畢

秘説奉授越州參閣畢

前參河守清原　在判

本奥云

治承五年五月九日授良別駕了　在判

建保二年六月五日授家秘説

於愚息仲宣了

散班在判

文永五年十月三日以[illegible]記

文永五年十月四日以[illegible]記

又以本一校畢

本奥云　本奥云

治承五年五月九日校畢　別駕

[illegible]

建保二年六月五日校家秘

建保二年六月五日授家秘
説於愚息仲宣畢　散班在御判

正嘉二年九月六日書寫了

權少外記清原直隆

同年同月十六日以累代之
秘説校點畢雖一字不違
如昔亡人之年者也

授說校點畢一[illegible]

不借他人々年者也

正六位上行[illegible]錄事清原眞人在判

文永六年七月十八日以家秘說

奉授越後次郎尊閤畢

音博士清原（花押）

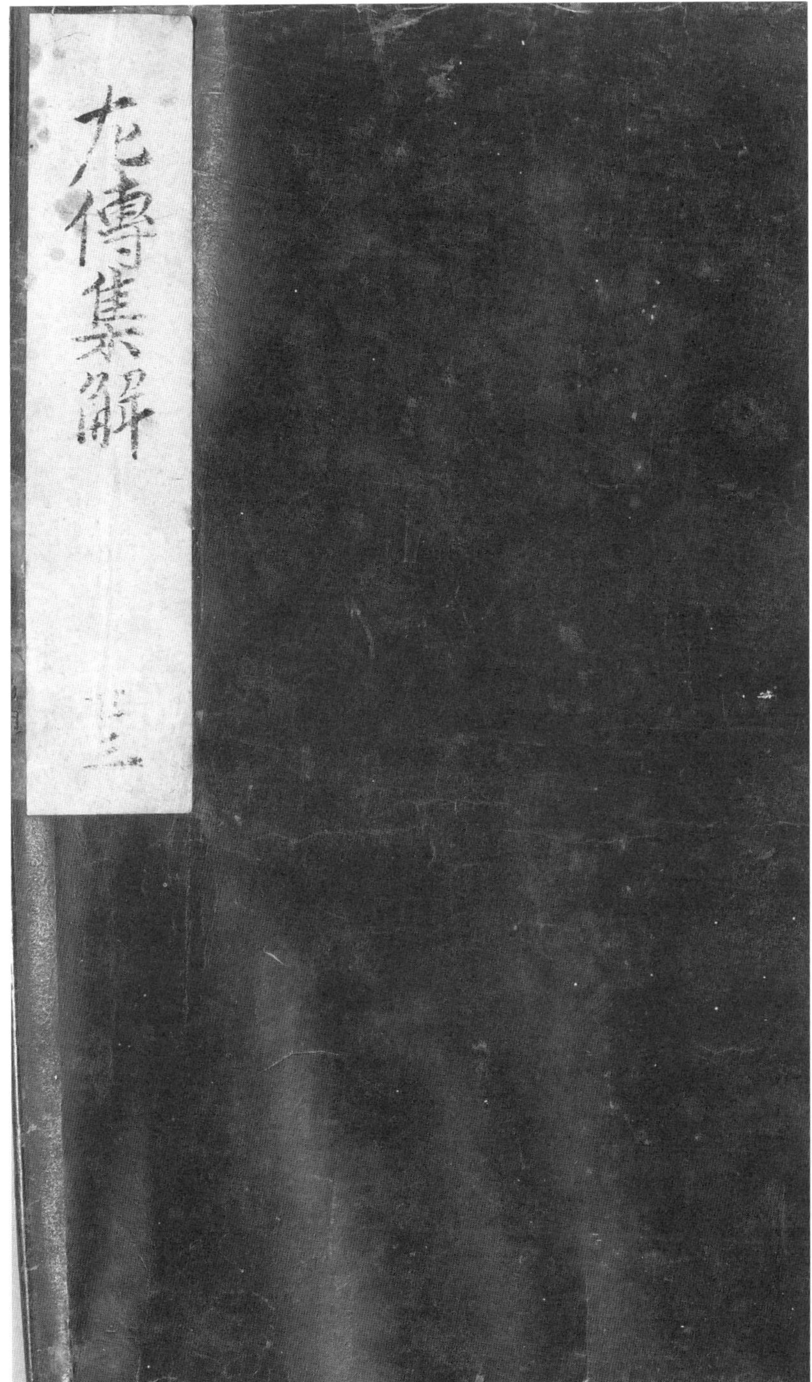
左傳集解
廿三

五二十九

春秋經傳集解昭四第二十三　杜氏　盡十七年

金澤文庫

五三十九

春秋經傳集解昭四第二十三　杜氏　盡十七年

經十有三年春叔弓帥師圍費

不書南蒯以費叛不以叛告廟

夏四月楚公子比自晉歸于楚弒其君虔

于乾谿比去晉而不送書歸

金澤文庫

于比自晉歸于楚弒其君虔
于乾谿比去晉而不送書歸
者依陳蔡以入言陳
蔡猶列國也比歸而靈王死
故書弒其君靈王無道而弒
稱臣比非首謀而反書弒比
雖脅立猶以罪加也靈王死
在五月又不在乾谿楚人生
失靈王故本其始禍以赴之
楚公子弃疾殺公子比比雖爲君

[illegible]爲君

而來列於諸侯故不稱爵殺不稱人罪弃疾

秋公會劉子晉侯齊侯宋公衛侯鄭伯曹伯莒子邾子滕子薛伯杞伯小邾子于平丘

平丘在陳留長垣縣西南

八月甲戌同盟于平

縣西南

丘書同齊服故公不與盟魯不堪晉求讒慝弘多公不與盟非國惡故不諱晉人執季孫

意如以歸公至自會無傳蔡侯

廬歸于蔡陳侯吳歸于陳陳蔡皆受封于楚故稱爵諸侯納之曰歸冬十月葬

蔡靈公蔡復而後以君禮葬之公如晉

至河乃復晉人辭公吳滅州來州來楚邑用大師焉曰滅

傳十三年春叔弓圍費弗克敗

焉爲費人所敗不書諱之平子怒令見

人執之以爲囚俘

不書葬之
貴人執之以爲因俘治區夫
曰非也區夫若見貴人寒
者衣之飢者食之爲之令主
而共其乏困貴來如歸南氏
亡矣民將叛之誰與居邑若

憚之以威懼之以怒民疾而
叛為之聚也若諸侯皆然貴
人無歸不親南氏將焉入矣
平子從之費人叛南氏費叛南氏
在明年傳善區夫之謀終言具效也楚子之為

之謀終言其效也
令尹也殺大司馬薳掩而取
其室在襄三十年及即位奪薳居
田居掩之族言薳氏所以怨遷許而質許
圍遷許在九年圍許大夫蔡洧有寵於
王〻之滅蔡也其父死焉楚

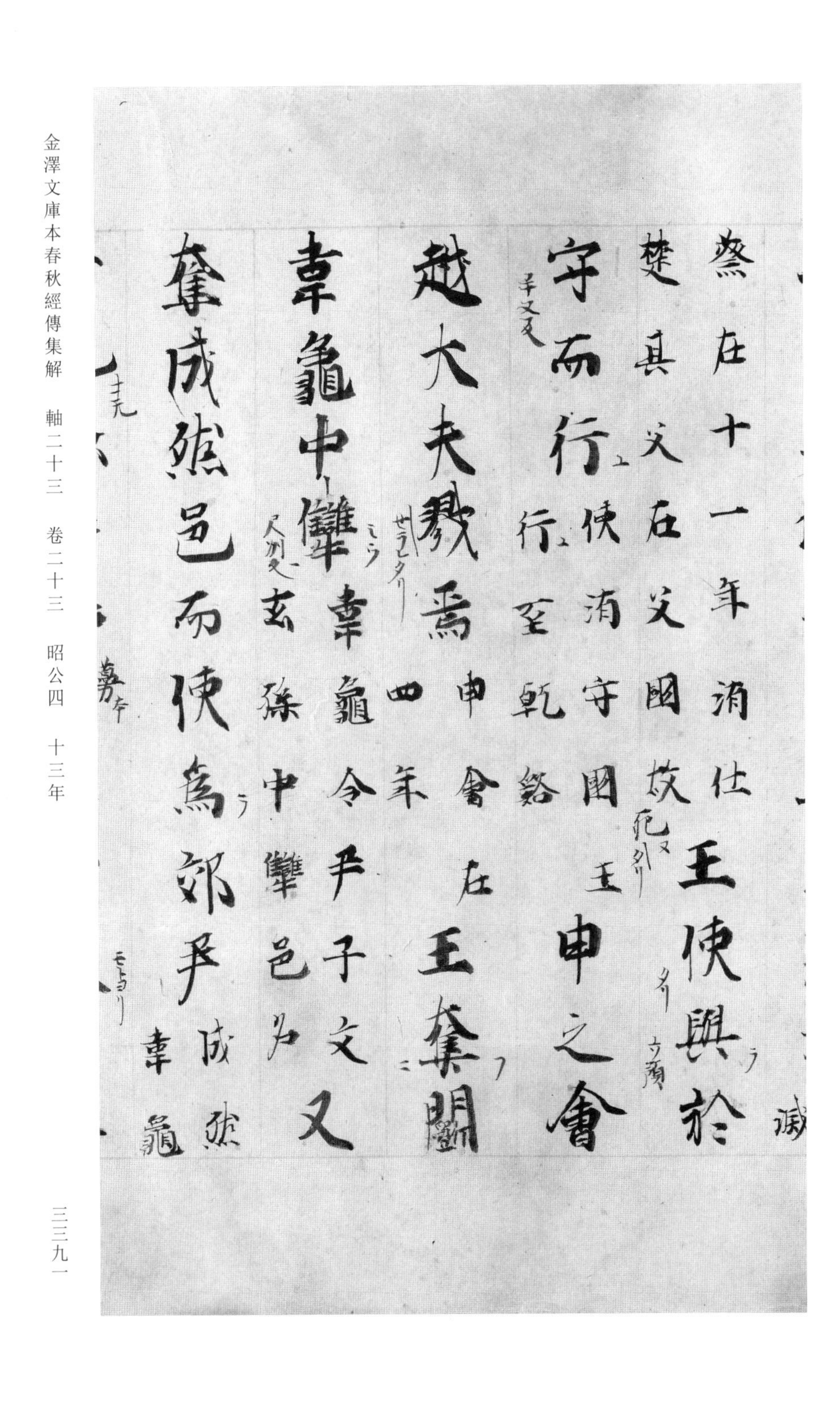

蔡在十一年洧仕楚其父在父國故王使與於
守而行使洧守國王行至乾谿申之會
越大夫戮焉申會在四年王奪鬬
韋龜中犨韋龜令尹子文玄孫中犨邑名又
奪成然邑而使為郊尹成然韋龜

韋龜
子也郊尹治
郊—竟大夫
蔓成然故事蔡
公
蔡公弃疾之故猶舊也韋
龜叔弃疾有當—璧之命故
故使成
然事之
故薳氏之族及薳居
許圍蔡洧蔓成然皆王所不
禮也因羣喪職之族啓越大

夫常壽過作亂常壽過申會所戮者也圍固城克息舟城而居之息舟楚邑城之堅丨固者觀起之死也其子從在蔡事朝吳觀起死在襄二十二年朝吳故蔡大夫聲丨子之子曰今不封蔡

曰今不封蔡
聲子之子
不封矣我請試觀從以父死怨楚故欲試作亂以蔡公之命召子干子皙二子皆靈王弟元年子干奔晉子皙奔鄭及郊而告之情告以蔡公不知謀強與之盟入襲蔡蔡公將食見之而逃

入襲蔡蔡公將食見之而逃
不知其故
驚走辟之
觀從使子干食坎
用牲加書而速行
使子干居
蔡公之牀
食蔡公之食並僞與蔡
公盟之徵驗以示衆
已徇
於蔡
已觀
從也
曰蔡公召二子將
納之與之盟而遣之矣將師

納之與之盟而遣之矣將自

而從之詐言蔡公將以師助二子蔡人聚

將執之執觀從辭曰失賊成軍

而殺余何益乃釋之賊謂子干子皙

也言蔡公已成軍殺己不足解罪朝吳曰二三

子若能死亡則如違之以待

子若能死亡則如違之以待
所濟言若能爲靈王死亡則可違蔡公之命以待成
敗所在若求安定則如與之以
濟所欲言與蔡公則可得安定且違上
何適而可言不可違上也上謂蔡公衆曰
與之乃奉蔡公召二子而盟

于鄧潁川召陵縣西南有鄧城二子子干子皙依陳蔡人以國國陳蔡而依之楚公子比子干公子黑肱子皙公子弃疾蔡公蔓成然蔡朝呉帥陳蔡不羹許葉之師因四族之徒

四族薳氏許圍以入楚及郊
蔡洧蔓成然
陳蔡欲為名故請為武軍
欲築壘壁以示後人為復餝之名
蔡公知之
曰欲速且役病矣請藩而已
乃藩為軍藩籬
蔡公使須務

年與史猈先人因正僕人殺太子禄及公子罷敵須務牟猈楚大夫蔡公之黨也正僕太子之近官公子比爲王公子黑肱爲令尹次于魚陂竟陵縣城西比有井魚陂公子弃疾爲

比有[illegible]魚陂

司馬先除王宮使觀從從師

于乾谿而遂告之從乾谿之師告使叛

靈　且曰先歸復所後者劓劓截

臬罪又截鼻之刑

王

臯　師及訾梁而潰靈王還至訾梁而衆

子斯反注同

户内反

敢　王聞羣公子之死也自投

王聞羣公子之死也自投
于車下曰人之愛其子也亦
如余乎侍者曰甚焉小人老
而無子知擠于溝壑矣擠隊也
王曰余殺人子多矣能無及
此乎右尹子革曰請待于郊

子細反說文云排也古子礼反
許各反
直類反

[illegible][illegible]右尹子革曰請待于郊
以聽國人聽國人之所與王曰衆怒
不可犯也曰若入於大都而
乞師於諸侯王曰皆叛矣曰
若亡於諸侯以聽大國之圖
君也王曰大福不再祇取辱

焉然丹乃歸于楚然丹子革弃王歸楚

王沿夏將欲入鄢夏漢別名順流爲沿順漢水南至鄢

芋尹無宇之子申亥

曰吾父再奸王命謂斷王旌執人於章華宮

王弗誅惠孰大焉君不可

言
忍惠不可弃吾具從王乃求
王遇諸棘闈以歸棘里名夏
闈門也
五月癸亥王縊于芊尹申亥
氏癸亥五月二十六日皆在
乙卯丙辰後傳終言之經
書四申亥以其二女殉而葬
月誤

以後反諸子于本亦作諸子于白

月謂

之觀從謂子干曰不殺弃疾

國猶受禍也子干曰余不忍

也子玉曰人將忍子子玉觀從吾

不忍俟也乃行國每夜駭曰

曰王入矣相恐以靈王也乙卯夜弃

覊王也

疾使周走而呼曰王至矣　周徧方遍　好故反下同

卯十八日國人大驚使蔓成然走

告子干子晳曰王至矣國人

殺君司馬將來矣司馬謂弃疾也言司馬見殺以恐子干

君若早自圖也可

恐子干

以無民衆怨如水火焉不可

爲謀又有呼而走至者曰衆

至矣二子皆自殺不書弑君位未定也

丙辰棄疾即位名曰熊居葬

子干于訾實訾敖不成君無號謚者謂

楚皆

謂ー諡者。謂

楚人皆

之敎

殺囚衣之王服而流諸漢

乃取而葬之以靖國人使子

旗為令尹子旗蔓成然楚師還自

徐前年圍徐之師吳人敗諸豫章獲

其五帥定二年楚人伐吳師于豫ー章吳人見舟于

所獲之謂蕩侯潘子司馬督囂尹午陵尹喜五人　賢過之

于豫章吳人見舟于
豫章而潛師于巢以軍楚師
於豫章又柏舉之役吳人告舍
舟于淮汭而自豫章與楚夾
漢北皆當在江北淮水南蓋
後徙在江
南豫章
平王封陳蔡復遷
邑復九年
所遷邑
致羣賂始舉事時
所貸賂也
施舍寬民宥罪舉職舉職修
廢官

廢官

召觀從王曰唯爾所欲觀從教子

干殺弃疾今召用之明在君爲君之義對曰

臣之先佐開卜乃使爲卜尹

佐卜人開龜兆使枝如子躬聘于鄭

且致犨櫟之田犨櫟本鄭邑楚中取之平

須本作

楚中取之平
王新立故還事異弗致知鄭
自訖
以賂鄭、
服不復鄭人請曰聞諸道路
須賂故
將命寡君以犨櫟敢請命對
曰臣未聞命既復命王問犨
櫟降服而對降服如今解曰
冠也謝違命

冠也謝違命

臣過失命未之致也王執其

手曰子毋勤姑歸不穀有事

其告子也王善其有權有他事將復使之

年芋尹申亥以王柩告乃改

葬之初靈王卜曰余尚得天

下尚庶不吉投龜詬李又作詢呼豆反徐許又反天而呼火故反

曰是區區者而不余畀區必利反徐甫至反與也

下余必自取之民患王之無

厭於鹽反也故從亂如歸初共王無

冢適丁歷反下無適同冢大有寵子五人無適

冢適丁歷反下丁狄反也有寵子五人無適

立焉乃大有事于群望群望星辰

山川而祈曰請神擇於五人者

使主社稷乃徧方遍以璧見於群賢遍反下注徧同

望曰當璧而拜者神所立也

誰敢違之既乃與巴公加反姬密埋亡皆反

璧於大室之庭巴姬共王妾大室祖廟也使五人齊而長入拜從長幼以次拜也康王跨之過其上也靈王肘加焉子干晳皆遠之平王弱抱而入再拜皆厭紐微見璧紐以爲審識

於甲反徐又於輒反 偃無害譎 中志反又如字

閗韋龜屬成然焉 知其將立故託其子

且曰弃禮違命楚其危哉 弃泣

長之礼違當璧之子干歸 命終致靈王之亂

家并古說

宣子問於叔向曰子干其濟

世說粗見四卷

乎對曰難宣子曰同惡相求

如市賈焉何難宣子謂弃疾親侍子干共同好惡故言如市賈同利以相求（並如字又上呼報反下烏路反下皆放此）對曰無與同好誰與同惡言弃疾本不與子干同好則亦不得同惡取國有五難有寵而無人一也寵須賢人而固有人而無

主二也雖有賢人當須内主爲應有主而

無謀三也謀策謀也有謀而無民

四也民衆既備當以德成有民而無德五也

子干在晉十三年矣

晉楚之從不聞達者可謂無

人晉楚之士從子干游皆非達人族盡親叛可謂無主無親族在楚無釁許靳反而動可謂無謀召子干時楚未有大釁為羈終世可謂無民終身羈客在晉是無民亡無愛徵可謂無德楚人無愛念之

愛念之

有王虐而不忌靈王暴虐無所畏忌將自

楚君子干涉五難以弑舊

君誰能濟之言楚借君子干以弑靈王終無能成

有楚國有其棄疾乎君陳

蔡城外屬焉城方城也時穿封戌既死棄疾

許

封戌既行幸猜

并領陳事　苛慝不作盜賊伏隱私欲不違　不以私欲違民事　民無怨心

先神命之　先神謂羣望　國民信之

芊姓有亂必季實立楚之常

也獲神一也　當璧拜　有民二也

民信之……無寄寵……

民信之令德三也無苛慝寵貴四也貴妃子居常五也弃疾季有五利以去五難誰能害之子干之官則右尹也數其貴寵則庶子也以神所命則又遠之

庶子也以神所命則又遠之
具貴之矣位不尊具寵弃矣父既
没故民無懷焉非令德國無與焉
無內主將何以立宣子曰齊桓
晉文不亦是乎皆庶賤對曰齊
桓衛姬之子也有寵於僖衛姬

齊僖公妾 有鮑叔牙賓須無隰朋以為輔佐有莒衛以為外主 齊桓出奔莒衛有舅氏之助 有國高以為內主 國氏高氏齊上卿 從善如流 言其疾也 下善齊肅 齊嚴也肅敬也 不藏賄

也……肅敬也……

清也不從欲儉也施舍不倦施舍猶言

布恩德求善不厭是以有國不

亦宜乎我先君文公孤季姬

之子也有寵於獻好學而不

貳言篤志生十七年有士五人

孤偃趙衰顛頡魏武子有先
司空季子五士從出者子
大夫子餘子犯以為腹心餘
趙衰子有魏犨賈佗以為股
犯狐偃
魏犨魏武子也稱五人而
肱說四士賈佗又不在本數
蓋叔向有齊宋秦楚以為外
所賢

所賢

主齊妻以女宋贈以馬有欒

郤楚王享之秦伯納之狐先以為內主謂欒枝郤縠狐突先

軫也亡十九年守志彌篤惠懷棄

民惠公懷公不恤民也民從而與之獻

無異親民無異望獻公之子九人唯文

九人唯文

公

天方相晉將何以代文此

在

二君者異於子干共有寵子

國有奧主謂弃疾也無施於民無

烏報反　式豉反

援於外去晉而不送歸楚而

不逆何以冀國傳言子干所以蒙弑君之

以蒙叔君之

爲弃疾所以得国晉成虒祁在八年也諸

侯朝而歸者皆有貳心賤其奢也

爲取郠故取郠在十年晉將以諸

侯來討叔向曰諸侯不可以

不示威知晉德薄欲以威服之也乃並徵

以威服之也

會告于吳秋晉侯會吳子于

良下邳有良城縣水道不可吳子辭

乃還辭不會七月丙寅治兵于

邾南甲車四千乘繩證反下注皆同三十萬人羊舌

鮒攝司馬鮒叔向弟也攝兼官遂合

也搖動官

諸侯于平丘子産子大叔相鄭伯以會子産以幄幕九張

於角反　亡莫四合象宮室曰幄在上曰一軍旅之帳也

行幄幕軍旅之帳子大叔以四十既而悔之每舍損焉及會亦如之亦九張也傳言子産之適宜大叔之從善次于

之適宜大叔之欲善

衛地叔鮒求貨於衛淫芻蕘

初俱反說云刈草 如遙反飼牲曰芻 草薪曰蕘

者欲使衛患之衛人使屠伯

而致貨也

饋叔向羹與一篋錦屠伯衛大夫

曰諸侯事晉未敢攜貳況衛

在君之宇下屋宇之下而敢

喻近之

喩近也
有異志芻蕘者異於他日敢
請之請止之叔向受羹反錦受羹
示不逆其意且非貨曰晉有羊舌鮒者
瀆貨無厭瀆數也亦將及矣將及
禍為此役也役事也子若以君

命賜之其已客從之未退而

禁之禁芻蕘者晉人將尋盟齊人

不可有貳心故晉侯使叔向告劉

獻公獻公王卿士劉子曰抑齊人不

盟若之何對曰盟以底信底致

也君苟有信諸侯不貳何患焉告之以文辭董之以武師雖齊不許君庸多矣董督也庸功也討之有辭故功多也天子之老請師王賦元戎十乘以先啓行天子大夫

稱先无戎車在遅速唯君

前者啓開也行道也

欲佐晉討齊

叔向告于齊曰諸侯求盟已在此矣今君弗利寡君以為請對曰諸侯討貳則有尋盟若皆用命何盟之尋

記用命以拒晉叔向曰國家之敗有
事而無業事則不經業貢賦之業
有業而無禮經則不序須禮而有
次序有禮而無威序則不共禮須
威嚴而後共恭本有威而不昭共則不

後　共（恭本）
明威須昭告神明　不明弃共
而後信義着
百事不終所由傾覆也（芳服反）　信義
不明
則弃威不威弃禮無禮無經
無經無業故百事不成
是故明王之制使諸侯歲聘以志業（識）
也歲聘以　間朝以講禮　三年
脩其職業　而一（壹本）
明王之任尊之我　而會

脩其職業

朝正班爵之義

率長幼之序　再朝而會以示威

六年而一會以訓上

下之則制財用之節　再會

盟以顯昭明

十二年而一盟

所以昭信義也

凡八聘四朝再會王一　志業

巡守盟于方嶽之下

於好聘也講禮於等朝也示威於

衆也〔會盟〕昭明於神也自古以來未之或失也存亡之道恒由是興晉禮主盟〔依先王先公舊禮主諸侯盟〕懼有不治奉承齊犧〔齊盟之犧牲也〕而布諸君求終事也〔終竟也〕君

曰余必廢之何齊之有唯君
圖之寡君聞命矣齊人懼對
曰小國言之大國制之敢不
聽從既聞命矣敬共以往遲
速唯君叔向曰諸侯有閒矣

間陳也不可以不示衆八月辛
未治兵習戰建而不旆建立旌旗不曳
其旆游也壬申復旆之諸侯畏之軍將
戰則旆故曳旆以恐之邾人莒人愬于
晉曰魯朝夕伐我幾亡矣自昭

公即位邾魯同好又不朝
伐莒无故邾ー愬晉人信之所
謂讁譴
弘ー多ナリ
我之不共魯故之以
不共晉貢
以魯故也
晉侯不見公使叔
向來辭曰諸侯將以甲戌盟
寡君知不得事君矣請君無

寡君知不得事君矣請君無
勤託謙辭以以絶魯子服惠伯對曰君
信蠻夷之訴蠻夷謂邾莒以絶兄
弟之國棄周公之後亦唯君
寡君聞命矣叔向曰寡君有
甲車四千乘在雖以無道行

甲車四千乘在雖以無道行
之必可畏也況其率道其何
敵之有牛雖瘠僨於豚上其
其畏不死僨仆也南蒯子仲之
憂其庸可弃乎弃猶忘也若奉晉
之衆用諸侯之師因邾莒杞

鄟之怨四國近魯數以小事相忿鄟已滅其民猶存故并以恐魯以討魯罪閒其二憂因南蒯子仲二憂爲閒隙何求而弗克魯人懼聽命不敢與盟甲戌同盟于平丘齊服也經所以稱同合諸侯

日中造于除（除地爲壇盟會處）癸酉

退朝（先盟朝晉）子産命外僕速張

於除（張帳幕）子太叔止之使待

明日及夕子産聞其未張也

使速往乃無所張矣（地已滿也傳言）

[illegible][illegible][illegible][illegible][illegible][illegible][illegible]也傳言

子產每事敏於大叔及盟子產爭承承貢

賦之次曰昔天子班貢輕重

以列列位也列尊貢重周之制

也公侯地廣故所貢者多卑而貢重者

甸服也甸服謂天子畿内共職貢者鄭伯

[illegible][illegible][illegible]内共職貢者、[illegible]
男也而使從公侯之貢　言鄭國在
甸服外爵列伯子男
不應出公侯之貢、懼弗給
也敢以爲請諸侯靖兵好以爲
事　靖息也
行理之命　行理使人通聘問者
無月不至貢之無藝　藝法制
小

國有闕所以得罪也諸侯脩
盟存小國也貢獻無極亡可
待也存亡之制將在今矣自
日中以争至于昏晉人許之
既盟子大叔咎之曰諸侯若

既盟子大叔咎之曰諸侯若

討其可瀆乎瀆易也子產曰晉

政多門政不出一家貳偷之不暇

何暇討貳不一偷苟且國不競亦陵

何國之爲不競争則爲人所侵陵不成爲國

公不與盟信邾莒之訴欲討魯故晉人

公不與盟欲討魯故晉人執季孫意如以幕蒙之蒙裹也使狄人守之司鐸射魯大夫懷錦奉壺飲冰以蒲伏焉守者御之乃與之錦而入蒲伏竊往飲季孫也冰箭筩蓋可以取飲晉人以平子

可以服飲者

歸子服湫從湫子服惠伯從至晉子産

歸未至聞子皮卒哭且曰吾

已已猶決竟無為為善矣唯夫子

知我言子皮知己之善仲尼謂子産

於是行也足以為國基矣詩

曰樂只君子邦家之基詩小雅言

樂與君子爲治直吏反子產君子之

乃國家之基本

求樂者也且曰合諸侯藝貢

事禮也嫌爭競不順故以禮明之鮮虞人

聞晉師之悉起也五年傳曰遺守四千

[illegible]遺守四千

今甲車四千乘故爲悉起而不警邊且不

脩備言夷狄無謀晉荀吳自著雍

以上軍侵鮮虞及中人驅衝

競中人中山望都縣西北有中人城驅衝競驅衝車與狄爭逐也

大獲而歸爲十五年晉伐鮮虞起楚之

滅蔡也靈王遷許胡沈道房
申於荊焉平王即位旣封陳
蔡而皆復之禮也滅蔡在十
一年許胡
沈小國也道房申皆故諸侯
楚滅以爲邑荊〻山也傳言
平王得安民之禮汝〻南
有吳防縣即防〻國〻隱大

有吳防跸郎隧匿門大

子之子廬歸于蔡禮也隱大子〻

〻有也廬悼大子之子吳歸于陳禮也

蔡平侯

悼大子偃師也吳陳惠公冬十

月葬蔡靈公禮也國復成禮以葬也此

陳蔡事傳詳言礼嫌楚所

封不得此諸侯故明之也公

夫不得也[illegible]使[illegible]明之

如晉荀吳謂韓宣子曰諸侯

相朝講舊好也執其卿而朝

其君有不好焉不知辭之乃

使士景伯辭公子河景伯士文伯之

子張牟也

吳滅州來令尹子期請

伐吳王弗許曰吾未撫民人
未事鬼神未脩守備未定國
家而用民力敗不可悔州來
在吳猶在楚也子姑待之傳言平王所以能有國
季孫猶在晉子服

前有國

惠伯私於中行穆子私與之語曰

魯事晉何以不如夷之小國

魯兄弟也土地猶大所命能

具若為夷棄之使事齊楚其

何瘳於晉也親親與大賓

何瘳於晉也親親與大賞
共罰否所以爲盟主也子其
圖之諺曰臣一主二言一臣有二
主道不合得去事他國吾豈無大國言非
獨晉可事穆子告韓宣子且曰楚
滅陳蔡不能救而爲夷執親

滅陳蔡不能救而為夷執親

將焉（於虔反）用之乃歸季孫惠伯曰

寡君未知其罪合諸侯而執其

老　老尊卿稱（尺證反）也　若猶有罪死命

可也　死晉命也　若曰無罪而惠免

之諸侯不聞是逃命也何免

之諸侯不聞是逃命也何免
之為請從君惠於會 欲得盟會見遣
不欲私去 宣子患之謂叔向曰子
能歸季孫乎對曰不能鮒也
能 鮒叔魚 乃使叔魚叔魚見季
孫曰昔鮒也得罪於晉君自

孫曰昔鮒也得罪於晉君自

歸於魯君蓋襄二十一年坐叔虎與欒氏黨并得罪

微武子之賜不至於今武子季平子祖父

雖獲歸骨於晉猶子

則肉之敢不盡情歸子而不

歸鮒也聞諸吏將爲子除館

於西河西使近附之河其若之何且泣泣以信其言平子懼先歸惠伯待禮待見遣之禮

經十有四年春意如至自晉書至者善得免

三月曹伯滕卒無傳四同盟

得ㇾ免ㇾ [illegible] 同盟

夏四月无傳二字不可讀次

夏四月 無傳 秋葬曹武公 無傳 八

月莒子去疾卒 未同盟 冬莒殺ス

其公子意恢 以禍亂告不以モ

莒大夫 繫於爲卿故雖

公子亦書意恢與亂君

爲黨故書名惡之、、

傳十四年春意如至自晉尊晉

十四年春意如至自晉尊晉
罪己也以舍族爲尊晉罪己尊晉罪己
禮也礼修己而不責人南蒯之將叛
也盟費人司徒老祁慮癸二人
南蒯家臣僞廢疾使請於南蒯曰
臣願受盟而疾興若以君靈

臣願受盟而疾興若以君靈
不死請待間而盟　間差　初賣反
許之
二子因民之欲叛也請朝衆
而盟　欲因合衆以作亂
遂劫南蒯曰　居業反
羣臣不忘其君　君謂季氏
畏子以
及今三年聽命矣子若弗圖

及今三年聽命矣子若弗圖
費人不忍其君將不能畏子
矣不能復畏子子何所不逞欲請
送子送子出奔也請期五日南蒯請期冀有
變也遂奔齊侍飲酒於景公公
曰叛夫對曰臣欲張公室

也張強也子韓皙曰齊大夫家臣而欲張公室罪莫大焉言越職司徒老祁慮癸來歸費歸魯齊侯使鮑文子致之南蒯雖叛費人不從未專屬齊二子逐蒯而復其舊故經不書歸費齊使文子

舊故終不書歸費齊使文子
致邑欲以偪好（呼報反）
非事實也
夏楚子使然
丹簡上國之兵於宗丘且撫
其民　上國在國都之西方
居上流故謂之上國宗
丘楚
地
分（分字徐甫問反）貧振窮　分與也振救也　長（丁丈反）孤
幼養老疾收介（音界又古賀反注同）特　介特單身
民也收聚
不使
寬其

民也收丨聚

不使流散救災患宥孤寡寬其賦丨稅赦

罪戾詰姦慝詰責問也舉淹滯淹滯

有才德而未敘者禮新敘。舊新羈旅也祿勳

合親勳功也親九族任良物官物事也

使屈罷簡東國之兵於召陵

兵在國都之東者　亦如之　如然丹　好於（上照反）（呼報反注同）

邊疆（居良反）　結好四鄰（鄰）　息民五年而後用

師禮也秋八月莒著（直居反徐直據反）丘公卒

郊公不慼　郊公著丘公子　國人弗順

欲立著丘公之弟庚輿　庚輿莒共（イ秦）（イ餘本亦作輿下同）

莒共

公、蒲餘侯惡（烏路反下同）公子意恢而善於庚與

蒲餘侯莒大夫茲夫也意恢莒羣公子、

郊公惡公子鐸（詩洛反）而善於意恢

鐸亦羣公子

公子鐸因蒲餘侯而

與之謀曰爾殺意恢我出君

與之謀曰爾殺意恢我出君

而納庚與許之爲下冬殺意恢傳楚

令尹子旗有德於王不知度

有功立之德與養氏比毗志反而求無厭於塩反本又作饜下注同

養氏子旗之黨養由基之後王患之九月

甲午楚子殺鬬成然滅養氏

之族使闞辛居鄆以無忘舊
勳辛子旗之子鄖公辛冬十二月蒲餘
侯茲夫殺莒公子意恢郊公
奔齊公子鐸逆庚輿於齊之
隰黨公子鉏送之有賂田莒賂

齊以田也

晉邢侯與雍子爭鄐（許六反又丑六反）田刑侯楚申公巫臣之子也雍子亦故楚人久而無成士景伯如楚士景伯晉理官叔魚攝理攝代韓宣子命斷（丁乱反注同）舊獄罪在雍子雍子納其女於叔

罪在雍子〻納其女於叔魚叔魚蔽罪邢侯（蔽斷邢侯也）邢侯怒殺叔魚與雍子於朝宣子問其罪於叔向〻〻曰三人同罪施生戮死可也（施行罪也）雍子自知其罪而賂以買直鮒

[illegible]知其罪而賂以買直鮒

也鬻獄邢侯專殺其罪一也己

惡而掠美為昏掠取也昏亂也貪以

敗官為墨墨不潔之稱殺人不忌

為賊忌畏也夏書曰昏墨賊殺

逸書三者皆死刑皐陶之刑也請從

皆死刑

之乃施邢侯而尸雍子與叔

魚於市仲尼曰叔向古之遺

直也言叔向之直有古人遺風治國制刑

不隱於親謂國之大問已所荅者也至於他事

則宜有隱三數叔魚之惡不爲末減

隱三數叔

末薄也減輕也皆以正言之、曰義也夫可

謂直矣於義未安直則有之平丘之會

數其賄也謂言責貨無厭以寬衛國

晉不為暴歸魯季孫稱其詐

也謂言鮒也詐以寬魯國晉不為虐邢侯

也殺

之獄言其貪也以正刑書晉不爲頗三言而除三惡加三利三惡暴虐頗也三惡除則三利加殺親益榮榮名益己猶義也夫三罪雖參宣子閒不可以不正其餘則以直傷義故重疑之

直傷(ヤフル)義故重疑之

經十有五年春王正月吳子夷末卒無傳未同盟二月癸酉有事于武宮籥(羊略反)入叔弓卒去(起呂反)樂卒事略書(廿九)有事爲(于僞反)叔弓卒(廿九)起(卄)也武宮魯武公廟成六年復(扶又反)立之夏蔡朝吳出奔鄭朝吳不遠(于万反)讒人

所以見逐

之夏蔡朝吳出奔鄭遠讒人所以見逐而書名

六月丁巳朔日食

之無傳秋晉荀吳帥師伐鮮虞

冬公如晉

傳十五年春將禘于武公戒百

官梓慎曰禘之日其有咎

乎吾見赤黑之祲非祭祥也

喪氛也　祲妖氛也蓋見於宋廟故以爲非祭祥也

氛氛惡氣也　其在涖事乎　涖臨事也　二月

癸酉禘叔弓涖事籥入而卒

去樂卒事禮也　大臣卒故爲之去樂　楚

朝

焉之法樂

費無極害朝吳之在蔡也

朝吳蔡大夫也有功於楚平王故

無極恐其寵疾害也

欲去之乃謂之曰王唯信子

故處子於蔡子亦長矣而在

下位辱必求之吾助子請

請求

下位辱必求之吾助子請

又謂其上之人蔡人在上位者曰

王唯信吳故處諸蔡二三子

莫之如也而在其上不亦難

乎弗圖必及於難夏蔡人逐

朝吳朝吳出奔鄭王怒曰余

朝吳朝吳出奔鄭王怒曰余唯信吳故寘諸蔡且微吳吾不及此女何故去之無極對曰臣豈不欲吳非不欲善吳然而前知其為人之異也言其多權謀吳在蔡〻必速飛去吳所以

翦其翼也以鳥喻也言吳在蔡必能使蔡速强楚

六月乙丑王大子壽卒周景王子

秋八月戊寅王穆后崩天子壽之母也傳爲晉荀躒如周葬穆后起

晉荀吳帥師伐鮮虞圍鼓鼓白狄之別鉅鹿下

[illegible]鉅鹿下曲陽縣有鼓聚鼓人或請以城叛穆子弗許左右曰師徒不勤而可以獲城何故不爲穆子曰吾聞諸叔向曰好惡不愆民知所適事無不濟愆過也適歸也或

知所適歸也
以吾城叛吾所甚惡也人以
城來吾獨何好焉賞所甚惡
若所好何無以復和所好若其弗賞
是失信也何以庇民力能則
進否則退量力而行吾不可

進否則退量力而行吾不可
以欲城而邇姦所喪滋多使
鼓人殺叛人而繕守備圍鼓
三月鼓人或請降使其民見
曰猶有食色姑脩而城軍吏
曰獲城而弗取勤民而頓兵

曰獲城而弗取勤民而頓兵何以事君穆子曰吾以事君也獲一邑而教民怠將焉用邑〻以賈怠不如完舊完猶保守賈怠無卒卒終棄舊不祥鼓人能事其君我亦能事吾君率

人能事其君我亦能事吾君率

義不爽爽差也好惡不愆城可

獲而民知義所知義所在也荀吳欲其能獲故因以示義有死命而無二心不

亦可乎鼓人告食竭力盡而

後取之克鼓而反不戮一人

以鼓子鳶鞮歸鳶鞮鼓君名冬公
如晉平丘之會故也平丘之會公不與
盟季孫見執今既得免故往謝之十二月晉
荀躒如周葬穆后籍談爲介
既葬除喪以文伯宴樽以魯

丁兮反　本又作鳶悅全反　力狄反本文作櫟同　本或作尊又作罇並同

既葬除喪以文伯宴樽以魯
本或作尊又作罇並同
壺文伯荀躒也魯壺魯所獻壺樽王曰伯氏
諸侯皆有以鎮撫王室晉獨
無有何也感魯壺而言也鎮撫王室謂貢獻之物
文伯揖籍談文伯無辭揖籍談使對
對曰諸侯之封也皆受明器

於王室（謂明德之分器）以鎮撫其社

稷故能薦彝器於王（薦獻也彝常也）

（謂可常寶之器若魯壺之屬）晉居深山戎

狄之與鄰而遠於王室王靈

不及拜戎不暇（言王寵靈不見及故數爲）

戎所加陵其何以獻器王曰叔氏

而忘諸乎叔籍談之字叔父唐叔成

王之母弟也其反無分乎密

須之鼓與其大路文所以大

蒐也密須姞姓國也在安定陰密縣文王伐之得其

陰密縣文王伐之得其
路鼓闕鞏之甲武所以克商
以蒐
闕鞏國
所出鎧唐叔受之以處參虛
參虛實沈之
匡有戎狄次晉之分野其後
周襄王所賜晉
襄之二路文公大路戎路鏚
鏚斧也鉞金鉞也
鉞秬鬯秬黑黍鬯香酒彤弓

鉞秬黑黍鬯香酒

虎賁文公受之以有南陽之

田事在僖二十八年撫征東夏非分

而何夫有勳而不廢加賞賁有

績而載書功於策奉之以土田有南

陽撫之以彝器弓鉞之屬旌之以

□之　旌

撫之以彝器（之屬）旌之以車服（襄之二路）明之以文章（旌旗）子孫不忘所謂福也福祚之不登叔父焉在（言福祚不在叔父又當在誰乎）且昔而高祖孫伯黶司晉之典籍以為大政故曰籍氏（孫伯）

[illegible]伯

黶晉正卿籍談九世祖及辛有之二子董

之晉於是辛有董史辛有周人也其

二子適晉為大史籍黶與之

共董督晉典籍因為董氏董狐

其後也

女司典之後也何故忘

之籍談不能對賓出王曰籍

之……

父其無後乎數典而忘其祖

忘祖業

籍談歸以告叔向、、

曰王其不終乎吾聞之所樂

必卒焉今王樂憂若卒以憂

不可謂終王一歲而有三年

色主反

音洛下文同

居其反下同

不可謂終王一歲而有三年

之喪二焉天子絶朞唯服三年故后雖朞通謂之三年喪於是乎以喪賓宴又求

彝器樂憂甚矣且非禮也彝

六

器之來嘉功之由非由喪也

三年之喪雖貴遂服禮也天子

諸侯除喪當在卒哭今王既葬而除故譏其不遂王雖

弗遂宴樂以早亦非禮也言雖不能遂服猶當靜嘿而便宴樂又失礼也禮王

之大經也一動而失二禮無

大經矣失二礼諸侯既不遂服又設宴樂言以

遂服又設宴樂

考典考成典以志經忘經而

多言舉典將焉用之為二十二年王室亂傳

經十有六年春齊侯伐徐楚子

誘戎蠻子殺之夏公至自晉

秋八月己亥晉侯夷卒未同盟

九月大雩季孫意如如晉冬

十月葬晉昭公三月而葬速

傳十六年春王正月公在晉晉人止公不書諱之也猶以取郠故也

公爲晉人所執止故諱不書齊侯伐徐楚

子聞蠻氏之亂也與蠻子之

無質也質信也使然丹誘戎蠻

子嘉殺之遂取蠻氏既而復

立其子焉禮也詐之非也立其子礼也付

其子。礼也

南新城縣東二月丙申。齊師南有臺城至于蒲隧蒲隧徐地下邳取慮縣東有蒲如陂徐人行成。徐子及郯人莒人會齊侯盟于蒲隧。賂以甲父之鼎甲父古國名。高平昌邑縣東南有甲父亭。徐人

得甲父鼎

縣東南有甲父亭徐人得甲父鼎叔孫昭子曰諸侯

以賂齊之無伯害哉爲小國害齊君之無

道也與師而伐遠方會之有

成而還莫之亢也苦浪反傑無亢無伯

詩作周宗

也夫詩曰宗周既滅靡所止

戾正大夫離居莫知我肄詩小雅

戾定也肄勞也言周舊爲天下宗今乃衰滅亂無息定執政大夫離居異心無有念民勞者也

其是之謂

辛傳言晉之衰也

三月晉韓起聘于鄭〻伯享之子產戒曰苟有

鄭伯享之子產戒曰苟有

位於朝無有不共恪孔張後

至立於客間孔張子孔之孫執政禦

之執政掌位列者禦止也適客後又禦

之適縣間縣樂肆客從而笑之

事畢富子諫富子鄭大夫諫子產也曰

諫子産也

夫大國之人不可不慎也幾居豈反服云機近之

爲之笑而不陵我言數見笑則心陵侮亡甫反我也

我皆有禮夫猶鄙我鄙賤也

國而無禮何以求榮孔張失

位吾子之恥也子産怒曰發

頗普多反　類如字一音力對反徐力偎反　當丁浪反注如字

命之不衰衰當出令之不信刑之頗類緣事類以成偏頗獄之放紛放縱也紛亂也縱子用反會朝之不敬諸國無禮使命之不聽下不從上命取陵於大國罷民而無功罪及

紛芳云反

陵於大國罷民而無功罪及
而弗知僑之恥也孔張君之
昆孫子孔之後也昆兄也子孔鄭襄公兄孔張之祖父
執政之嗣也子孔嘗執鄭國之政
為嗣大夫承命以使周於
所吏反下以｜同
諸侯國人所尊諸侯所知立

諸侯國人所尊諸侯所知立

於朝而祀於家卿得自立廟於家有

祿於國受祿邑有賦於軍軍出卿賦

百乘喪祭有職有所主受脤歸脤

受脤謂君祭以肉賜大夫歸脤謂大夫祭歸肉於公皆社

之戎祭也其祭在廟已有著位在

祭也

位數世々守其業而忘其所

僑焉得恥之其祭在廟謂助君祭辟邪

之人而皆及執政是先王無

刑罰也言爲過謬者自應用刑罰子寧以

他規我規正也宣子有環其一

仕夫和也　宣子有環其一在鄭商玉環同工共朴自為雙宣子謁諸鄭伯謁請也子產弗與曰非官府之守器也寡君不知子大叔子羽謂子產曰韓子亦無幾求言所求少晉國亦未可以

貳晉國韓子不可偷也偷薄也
若屬有讒人交鬭鬼神而助
之以興其凶怒悔之何及吾
子何愛於一環其以取憎於
大國也盍求而與之子產曰

吾非偷晉而有二心將終事
之是以弗與忠信故也僑聞
君子非無賄之難立而無令
名之患僑聞為國非不能事
大字小之難無禮以定其位

之患夫大國之人令於小國

而皆獲其求將何以給之一

共一否為罪滋大滋益也大國

之求無禮以作之何饜之有

吾且為鄙邑則失位矣不復成國

吾[illegible]成國

若韓子奉命以使而求玉焉

貪淫甚矣獨非罪乎出一玉

以起二罪吾又失位韓子成

貪將焉用之且吾以玉賈罪　言古下我疾賈同

不亦銳乎　銳細小也　悅歲反　韓子買諸賈　商也

人既成賈矣商人曰必告君
大夫韓子請諸子產曰日起
請夫環執政弗義弗敢復也
復重求也　今買諸商人〻〻曰必
以聞敢以為請子產對曰昔

以聞敢以爲請子産對曰

我先君桓公與商人皆出自

周鄭本在周畿内桓公東遷并與商人俱庸次

比耦庸用也用次更相從耦耕以艾殺此

地斬之蓬蒿藜藋而共處之

世有盟誓以相信也曰爾無

世有盟誓以相信也曰爾無
我叛我無強賈毋或
匄奪爾有利市寶賄我勿與
知恃此質誓故能相保以至于
今今吾子以好來辱而謂敝
邑強奪商人是教敝邑背盟

瞽也毋乃不可乎吾子得玉而失諸侯必不為也若大國令而共無藝（藝法也）鄭鄙邑也亦弗為也（不欲為鄙邑之事）僑若獻玉不知所成敢私布之（布陳之）

玉不知所成敢私布之

韓子辭玉曰起不敏敢求玉以徼二罪敢辭之傳言子產知禮宣子能改過

夏四月鄭六卿餞宣子於郊餞送行飲酒

宣子曰二三子君子請皆賦起亦以知鄭志

齹詩言志也子齹賦野有蔓草子齹子皮
之子嬰齊也野有蔓草詩鄭風也取其邂逅相遇適我願
兮宣子曰孺子善哉吾有望
矣君子相顧己所望也子產賦鄭之羔
裘言鄭別於唐羔裘之取其彼己之子舍命不渝邦之

彼已之子舍命不渝邦之彦兮以美韓子

宣子曰起不堪也

不堪國之司直

子大叔賦褰裳

褰裳詩曰子惠思我褰裳涉溱子不我思豈無他人言宣子思己將有褰裳之志如不我思亦豈無它人

宣子曰起在此敢勤子至於他人乎

言已令崇

好在此不復令子適他人（力呈反下同）（扶又反）

子大叔拜謝宣子之有鄭

宣子曰善哉子之言是是褰裳、

不有是事其能終乎韓起不欲令鄭求他人子大叔拜以荅之所以晉鄭終善

子游賦風雨子游駟帶之子駟偃也風雨詩取其既見

君

也風雨詩取其既見君子云胡不夷子旗賦有女同車子旗公孫段之子豐施也有女同車取其詢美且都愛樂宣子之志子柳賦蘀兮子柳印段之子印癸也蘀兮詩取其倡予和女言宣子倡已將和從之宣子喜曰鄭其庶乎庶幾於興盛二三

君子以君命貺起賦不出鄭志六詩皆鄭風故曰不出鄭志皆昵燕好也昵親也賦不出其國以示親好二三君子數世之主也可以無懼矣宣子皆獻馬焉而賦我將我將詩頌也取其日靖四方我其夙夜畏

詩頌也

取其曰靖四方我其夙夜畏

天之威言志在靖亂畏懼天

威

子産拜使五卿皆拜曰吾

子靖亂敢不拜德宣子私覲

於子産以玉與馬曰子命起

舍夫玉是賜我玉而免吾死

也敢不藉手以拜以玉馬藉手拜謝子
產、公至自晉晉人聽公得歸子服昭
伯語季平子招伯惠伯之子子服回也隨公
從晉還曰晉之公室其將遂卑
矣君幼弱六卿彊而奢傲將

矣君幼弱六卿彊而奢傲將
因是以習ゝ寶爲常能無卑
乎平平子曰爾幼惡識國昭伯尚少
平子不信具言秋八月晉昭公卒爲下
平子如晉葬趾九月大雩旱也鄭大
旱使屠擊祝款豎柎有事於

桑山三子鄭大夫有事祭也斬其木不
雨子産曰有事於山藝山林
也蓺養護令繁殖而斬其木其罪大
矣奪之官邑冬十月季平子
如晉葬昭公平子曰子服回

之言猶信自往見之乃信回言子服氏有子哉有賢子也

經十有七年春小邾子來朝夏六月甲戌朔日有食之秋郯來朝八月晉荀吳帥師滅陸

渾之戎冬有星孛于大辰大辰房心尾也妖變非常故書楚人及吳戰于長岸吳楚兩敗莫肯告負故但書戰而不書敗也長岸楚地

傳十七年春小邾穆公來朝公

與之燕。季平子賦采叔。采叔詩小雅。取其君子來朝何錫予之。以穆公喩君子。穆公賦菁菁者莪。菁菁者莪亦詩小雅。取其既見君子。樂且有儀。以答采叔。昭子曰。不有以國。其能久乎。嘉其能答賦。言其賢。故能久有國。

賢故能久有國

夏六月甲戌朔日有食之祝史請所用幣礼正陽之月日食當用幣於社故請之昭子曰日有食之天子不舉不舉盛饌伐鼓於社責羣陰諸侯用幣於社請上公伐鼓於朝

退自責攻禮也平子禦之禦禁也曰

止也唯正月朔慝未作日有

食之於是乎有伐鼓用幣禮

也其餘則否大史曰在此月

也正月謂建巳正陽之月也於周為六月於夏為四月

慝陰氣也四月純陽用事

於周爲六月於夏爲四月
雖文下文當注當皆同
慝陰氣也四月純陽用事陰
氣未動而侵陽災重故有伐
鼓用幣之禮也平子以爲六
月非正月故大史荅言在此
月
也
日過分而未至
過春分而
未夏至也
三辰有災
三辰日月星也日
月相侵又犯是宿
故
三辰
皆爲災
於是乎百官降物
降
物
素
君不舉辟移時
辟正寢過

素服君不舉辟移時辟正寢過日食時
樂奏鼓伐鼓祝用幣用幣於社史用
辭用辭以自責故夏書曰辰不集
于房逸書也集安也房舍也日月不安其舍則食也
瞽奏鼓瞽樂師嗇夫馳庶人走
車馬曰馳步曰走

車馬曰馳步曰走爲救日食備也此月朔之謂

也當夏四月是謂孟夏言此六月當夏家之四月平子弗從昭子退曰

夫子將有異志不君君矣安君之災故曰有異志

秋郯子來朝公與

有異志

之宴昭子問焉曰少皥氏鳥名官何故也少皥金天氏黄帝之子己姓之祖也問何故以鳥名官郯子曰吾祖也我知之昔者黄帝氏以雲紀故爲雲師而雲名黄帝軒轅氏姬姓之祖也黄帝受命有雲瑞故以

氏姬姓之
祖也黃帝受命有雲瑞故以
雲紀事百官師長皆以雲爲
名号縉雲氏
蓋其一官也
炎帝氏以火紀
故爲火師而火名
炎帝神農
氏姜姓之
祖也亦有火瑞以
共工氏以
火紀事名百官
水紀故爲水師而水名
共工
以諸
侯霸有九州者在神農前

水紀故爲水師而水名以諸

侯霸有九州者在神農前大

大皞後亦受水瑞以名官

皞氏以龍紀故爲龍師而龍

名大皞伏犧氏風姓之祖

也有龍瑞故以龍命官我

高祖少皞摯之立也鳳鳥適

至故紀於鳥師而鳥名鳳氏

歷正也鳳鳥知天時故以名歷正之官玄鳥氏司分者也玄鳥燕也以春分來秋分去伯趙氏司至者也伯趙伯勞也以夏至鳴冬至止青鳥氏司啓者也青鳥鶬鴳也以立春鳴立夏止丹鳥氏司閉者也丹鳥鷩雉也以立秋來立

鳴立夏止丹鳥鷩雉也以立秋來立冬去入大水為蜃上四鳥皆歷正之屬官也

祝鳩氏司徒也

祝鳩鵻鳩也鵻鳩孝故為司徒主教民

鴡鳩氏司馬也

鴡鳩王鴡也鷙而有別故為司馬主法制

鳲鳩氏司空也

鳲鳩鴶鵴也鳲鳩平均故為司一空平

梏簡八 反又方吉

鵃 陟交反 又陟留反 又方彫

鷷 方存又方遵 本或作鷷

平坧故爲司|空平水土

爽鳩氏司寇也 爽鳩鷹也鷙故爲司寇主盜賊

鶻鳩氏司事也 鶻鳩鶻鵃也春來冬去故爲司事

五鳩鳩民者也 鳩聚也治民上聚故以鳩爲名

五雉爲五工正 五雉ゝ有五種西方曰鷷|雉東方曰鶅|雉南方曰翟雉北

東方曰鶅雉南方曰翟雉北方曰鵗雉伊洛之南曰翬雉利器用正度量夷民者也夷平也九扈為九農正扈有九種也春扈鳷鶞夏扈切玄秋扈竊藍冬扈竊黃棘扈切[口+切]丹行扈唶唶宵扈嘖嘖桑扈竊脂老扈鷃鷃以九扈為九農之号各隨其宜以教民事扈

之號名閏長官以扈民事

民無淫者也扈止也止民使不淫放自顓

頊以來不能紀遠乃紀於近

爲民師而命以民事則不能

故也顓頊氏代少皞者德不能致遠瑞而以民事

命官

仲尼聞之見於郯子而學

官

之於是仲尼年二十八既而告人曰吾

聞之天子失官學在四夷猶

信失官官不脩其職也傳言聖人無常師晉侯

使屠蒯如周請有事於雒與

三塗屠蒯晉侯之膳宰也以忠諫見進雒水也三

塗山名在

忠諫見進雖水也三

塗山名在蕢弘謂劉子曰客

陸渾南

容猛非祭也其伐戎乎陸渾

氏甚睦於楚必是故也君其

備之乃警戎備

警戎以備戎也欲因晉以合勢

九月丁卯晉荀吳帥師涉

勢

自棘津河津使祭史先用牲

于雒陸渾人弗知師從之庚午

遂滅陸渾數之以其貳於楚

也陸渾子奔楚其衆奔甘鹿

甘鹿周地周大獲先警戒備故獲宣子夢

居地　備故

文公攜荀吳而授之陸渾故

使穆子帥師獻俘于文宮　欲

應　冬有星孛于大辰西及漢

夢

夏之八月辰星見在天漢西

今孛星出辰西光芒東及天

漢　申須曰彗所以除舊布新

似銳反又息遂反

也申須魯大夫天事恒象天道恒以象類告示人今除於火火出必布焉諸侯其有火災乎今火向伏故知當須火出乃布散爲災也梓慎曰往年吾見之是其徵也徵始有形象而微也火出

許亮反又作嚮

衆而微也

而見賢遍反下及注皆同前年火出時今茲火出而章必火入而伏隨火沒也其居火也久矣歷二年其與如字又音預不然乎言必然也火出於夏為三月謂昏見於商為四月於周為五月夏數得

天得天正若火作其四國當之在宋衛陳鄭乎宋大辰之虛也大辰大火宋分野陳大皞之虛也大皞居陳木火所自出鄭祝融之虛也祝融高辛氏之火正居鄭皆火房也房舍也

之火正居顓　也
星孛及漢〻水祥也天漢水也衛
顓頊之虛也故爲帝丘衛今濮陽
縣昔帝顓頊居之其城内有顓頊冢其星爲大
水衛星營室〻水也水火之牡也牡雄
也其以丙子若壬午作乎水

、火所以合也丙午火壬子水水火合而相薄

水少而火多故水不勝火若火入而伏必

以壬午尚未知今孛星當復隨火星見伏不故言

若、不過其見之月火在周之五月

鄭、禆竈言於子產曰宋衛陳鄭

將同日火若我用瓘斝玉瓚

鄭必不火

瓘珪也斝玉爵也瓚勺也欲以禳火

子産弗與

以爲天災流行非禳所息故也爲明

年宋宋衞陳鄭災傳

吴伐楚陽匄爲令

尹卜戰不吉

陽匄穆王曾孫令尹子瑕

司

孫令尹子瑕

馬子魚曰我得上流何故不

吉子魚公子魴也順江而下易用勝歒且楚故

司馬令龜我請改卜令曰魴

也以其屬死之楚師繼之尚

大克之吉得吉兆戰于長岸子

魚先死楚師繼之大敗吴師
獲其乘舟餘皇餘皇舟名使隨人
與後至者守之環而塹之及
泉環周也盈其隧炭陳以待命
隧出入道吴公子光光諸樊子闔廬也請

闔廬也
於其衆曰喪先王之乘舟豈
唯光之罪衆亦有焉請藉取
之以救死藉衆之力以取舟衆許之
使長鬣者三人長鬣多髭須與吳人異形
狀詐爲楚人潛伏於舟側曰我呼餘

楚人

皇則對師夜從之師吳師也三呼

皆迭對迭更也楚人從而殺之

楚師亂吳人大敗之取餘皇

以歸傳言吳光有謀

□光有謀

春秋巻第二十三　經七千五百字　注五千二十字

弘長元年六月十二日

以庭別本書寫移點

文永二年六月二日校合了

書本奥云　本奥云

治承五年五月廿二日午刻校良

判於了　大外記在判

元暦元年五月十五日宣奉

主水正良業

受師説了

建保二年七月廿四日授家秘説於

愚息仲宣了　散位在判

元仁二年十月四日書寫了

[illegible]少外記直宣

嘉禎二年十月廿日書寫了　授大外記直隆

同年同月十八日以累祖之秘説

授點了　正六位上行鑄長兼録事清原真人在判

弘安元年五月二日以家説校了

越後左近大夫將監尊閣了

音博士清原

嘉元三年閏十二月十九日書

嘉元三年閏十二月九日[illegible]

校越後守殿了

大外記兼博士越中權守清眞人

金澤文庫